Wunibald Müller
Warum ich dennoch in der Kirche bleibe

Wunibald Müller

Warum ich dennoch in der Kirche bleibe

Kösel

Verlagsgruppe Random House FSC® N001967

Copyright © 2016 Kösel-Verlag, München,
in der Verlagsgruppe Random House GmbH,
Neumarkter Str. 28, 81673 München
Umschlag: Weiss Werkstatt, München
Satz: Vornehm Mediengestaltung GmbH, München
Druck und Bindung: GGP Media GmbH, Pößneck
Printed in Germany
ISBN 978-3-466-37168-6
www.koesel.de

 Dieses Buch ist auch als E-Book erhältlich.

Inhalt

Wer die Kirche liebt,
muss auch bereit sein,
an der Kirche,
mit der Kirche
und durch die Kirche zu leiden.

Bernhard Häring CSSR

Prolog

Das Wasser des Lebens

Das Wasser des Lebens, beseelt von dem Wunsch, sich auf der Erde zu zeigen, sprudelte unablässig und ohne Anstrengung aus einem natürlichen Brunnen. Die Menschen kamen von überall her, um von dem magischen Wasser zu trinken, und spürten, dass es sie nährte, da das Wasser so klar, so rein und belebend war. Doch die Menschen waren nicht zufrieden damit, die Dinge in ihrem paradiesischen Zustand zu belassen. Mit der Zeit fingen sie an, einen Zaun um den Brunnen zu bauen, Eintrittsgeld zu verlangen, Besitzansprüche auf das Grundstück zu erheben. Sie schufen Vorschriften, wer Zutritt zum Brunnen hat und wer nicht, und brachten Schlösser an den Zugangstoren an. Sehr bald war der Brunnen im Besitz der Mächtigen und der Elite.

Das Wasser ärgerte sich darüber und empfand das als eine Beleidigung. Es hörte auf zu fließen und begann, an einem anderen Ort zu sprudeln. Die Leute, die das Grundstück rund um den ersten Brunnen besaßen, waren so beschäftigt mit ihren Machtsystemen und Besitzansprüchen, dass sie gar nicht mitbekamen, dass das Wasser aufgehört hatte zu fließen. Sie fuhren fort, das nicht mehr vorhandene Wasser zu verkaufen, und nur wenige merkten, dass die ursprüngliche Kraft des Wassers verloren gegangen war. Aber einige Unzufriedene machten sich mit großem Mut auf die Suche nach dem neuen Brunnen.

Die gute Botschaft ist: Das Wasser fließt weiter. Wenn ich diese Geschichte auf die katholische Kirche übertrage, stimmt mich das sehr nachdenklich. Die Menschen sehnen sich nach dem lebendigen Wasser, sie sehnen sich nach spiritueller Nahrung, die sie wirklich nährt. Doch finden sie dieses lebenspendende

Wasser nicht an den Plätzen, die für sich in Anspruch nehmen, der Ort zu sein, an dem es fließt.

Ich finde es wichtig, dass die katholische Kirche nicht länger mit großer Selbstverständlichkeit davon ausgeht, dass sie das lebendige Wasser anbietet, das den spirituellen Durst der Menschen zu stillen vermag. Nicht, dass ich an der Anwesenheit Gottes in unserer Welt zweifle. Nein! Das tue ich nicht. Gerade, weil ich nicht daran zweifle, ist es für mich wichtig, dass die Kirche der Ort ist, an dem die Menschen das lebendige Wasser, nach dem sie sich sehnen, finden, und ich kann es durchaus verstehen, dass sie es anderswo suchen, wenn sie es dort nicht finden oder ihnen der Zugang zu diesem Wasser verwehrt wird.

Ab und zu ergeht es mir hier wie dem Trappisten Thomas Merton, der in einem Brief an die Theologin Rosemary Radford Ruether (in: Tardiff 1995,17) schreibt:»Ich frage mich manchmal, ob die Kirche echt ist. Ich glaube es, wie du weißt. Aber manchmal frage ich mich, ob ich verrückt bin, das zu glauben. Bin ich Teil eines großen Schwindels? Ich drücke mich vielleicht nicht so gut aus, wie ich möchte: Ich spüre echtes Vertrauen in die Tatsache, dass Christus in der Welt präsent ist, und daran zweifle ich keinen Augenblick. Aber ist diese Präsenz dort, wo wir es von ihr behaupten? Wir zeigen alle irgendwo hin, aber mein Verdacht ist, dass wir in die falsche Richtung zeigen.«

Mir helfen Menschen wie Thomas Merton oder Bruder David Steindl-Rast, die meinen Blick für das Wesentliche schärfen, ohne, so hoffe ich, dabei den Blick zu trüben für das, was nicht gut ist an der Kirche, was es zu beanstanden oder auch abzulehnen gibt. Bruder David Steindl-Rast vergleicht die Tradition der Kirche mit einer rostigen Wasserleitung. Würden wir die unterirdischen Wasserleitungen, über die wir unser Trinkwasser bekommen, sehen, würden wir, so meint er, nie wieder Wasser trinken. Doch auch wenn sie verrostet sind, bringen sie reines Wasser. Dieses reine Wasser aber ist die frohe Botschaft, die am Anfang steht, die lebendig wie eine Fontäne klaren Wassers empor springt (vgl. Anselm Grün/David Steindl-Rast 2015, 81).

Vorwort

Vor einiger Zeit hatte ich eine heftige Diskussion mit unseren Kindern, bei der es um die katholische Kirche ging und warum ich in der katholischen Kirche bleibe. Es war eine harte Diskussion, bei der unsere Kinder nichts ausließen, was gegen die katholische Kirche und die Zugehörigkeit zu ihr spricht. Ich konnte die Kritik unserer Kinder an der Kirche gut hören, kannte die von ihnen genannten Argumente aus anderen Diskussionen, und doch war es anders als sonst, wenn ich mit diesen Fragen konfrontiert wurde. Die Diskussion beschäftigte mich noch lange und machte mich auch traurig.

Unsere Kinder versuchten, mich zu verstehen, sie respektieren meine Haltung. Aber, so mein Eindruck, es gelang mir nicht, ihnen wirklich zu vermitteln, was mir meine Kirche bedeutet und warum ich sie nicht verlassen kann oder nicht verlassen will. Dazu kam sicher auch, wenn ich ehrlich bin, meine Betroffenheit darüber, wie viel Distanz, ja Ablehnung ich bei ihnen gegenüber dem feststellen musste, was mir immer noch viel bedeutet. Dazu kam, dass ich mir die Frage stellte, wie sehr ich tatsächlich bereit bin, mich ernsthaft und radikal damit auseinanderzusetzen, ob die katholische Kirche tatsächlich immer noch meine Kirche ist und ob ich es vor mir selbst verantworten kann, mich weiterhin zu ihr zu bekennen.

Ich habe mich ein Leben lang mit Gott auseinandergesetzt. Auch heute tue ich das. Bezogen auf Gott gibt es bei mir eine innere Gewissheit, dass es Gott gibt, Kräfte in unsere Welt und in mein Leben einwirken, die unser und mein bewusstes Tun und Können überschreiten. Mit der Kirche ist das anders. Es hat eine Weile gedauert, bis ich Gott und Kirche auseinanderhalten konnte. Das war und ist für meine Gottesbeziehung von großer Bedeutung. Welche Bedeutung die Kirche für mich heute hat und ob sie heute und in Zukunft meine Kirche sein kann oder sein wird, hängt vor allem davon ab, inwieweit das mit meinem Glauben an Gott in Einklang zu bringen ist. So will ich, zusätzlich dazu motiviert durch die Diskussion mit unseren Kindern am Ende meiner beruflichen Tätigkeit im kirchlichen Dienst, der Frage nachgehen, was mich in der katholischen Kirche bleiben lässt. Ich will es mir selbst erklären, meinen Kindern verständlicher machen, aber auch so manchen, die mich mit dieser Fragestellung konfrontieren, zumindest zu erklären versuchen. Dabei werde ich auf meine eher äußeren Erfahrungen mit der katholischen Kirche, der sogenannten offiziellen Kirche, dann aber auch auf meine mehr inneren Erfahrungen mit Kirche eingehen.

Nicht zuletzt durch den kirchlichen Dienst, zunächst in der Erzdiözese Freiburg, später – über 25 Jahre – als Leiter des Recollectiohauses der Benediktinerabtei Münsterschwarzach, habe ich Einblicke in die katholische Kirche gewonnen, die einzigartig schön und zugleich furchtbar erschreckend waren. Sie haben natürlich in die eine und in die andere Richtung entsprechende Auswirkungen auf mein Bild von Kirche, aber auch mein Verhältnis zur katholischen Kirche gehabt.

Dazu kommt: Ich habe mich schon sehr bald nicht nur als irgendein Mitglied meiner Kirche verstanden, sondern als einer, der es als seine Aufgabe sieht, mit dazu beizutragen, dass diese Kirche die Kirche ist, die ich *meine Kirche* nennen kann. Das aber verlangte von mir, Stellung zu beziehen, mich zu Wort zu melden, auch auf die Gefahr hin, damit anzuecken und in Ungnade zu fallen. Das gilt für mich bis heute und hat sicher dazu beigetragen, dass ich noch in der Kirche bin, während viele andere, unter ihnen Menschen, die mir viel bedeuten, ihr längst den Rücken zugekehrt haben.

Ich will mir mit diesem Buch selbst Rechenschaft darüber ablegen, warum ich in der Kirche bleibe, und dabei natürlich auch aufzeigen, was sie mir bedeutet. Ich will es dabei aber nicht belassen. So werde ich auch meine Vision von Kirche entfalten, wohlwissend, dass es sich dabei nur um einen ganz persönlichen, vorläufigen, unvollkommenen Versuch handelt, das zu beschreiben, was ich mir unter Kirche vorstelle und wo sie den Menschen von heute, uns, dienen, vor allem aber mit dazu beitragen kann, dass Gott, der die Liebe ist, konkret erfahrbar und fühlbar ist.

Ich schreibe dieses Buch am Ende meiner Tätigkeit im kirchlichen Dienst. Ich habe bewusst so lange damit gewartet. Ich habe mich in den vergangenen Jahrzehnten immer wieder zu Wort gemeldet, auf kirchliche Missstände aufmerksam gemacht, mich für Randgruppen, wie schwule Männer und lesbische Frauen, eingesetzt oder auf die Nöte zölibatär lebender Priester hingewiesen. Das erwuchs aus meinem Verständnis von Kirche und der Aufgabe, die sich daraus für mich ergab. Mir war es wichtig, bei meiner Kritik durchscheinen zu lassen, dass es mir um meine Kirche geht, die ich – früher hätte ich das ohne darüber nachzudenken gesagt – liebe, die mir jedenfalls, immer noch, viel bedeutet. Auch war mir in allen diesen Jahren wichtig, der Kirche und später natürlich auch der Abtei Münsterschwarzach gegenüber loyal zu sein, wusste ich doch aus eigener Erfahrung, dass Rom, wenn ich mich kritisch äußere, auf den zuständigen Bischof Druck ausübt, der dann den Druck an die entsprechenden Verantwortlichen, sprich Abtei beziehungsweise deren Abt, weitergibt, mich zu maßregeln. Das hielt mich nicht davon ab, Kritik zu üben, führte aber auch dazu, dass ich manches vorsichtiger formulierte, als ich es hätte formulieren können oder manchmal auch müssen.

Diese Zurückhaltung will ich und muss ich mir nicht länger auferlegen. Dazu kommt, dass mit Papst Franziskus die Atmosphäre der Angst, die unter Johannes Paul II. und Benedikt XVI. in der Kirche vorherrschte, einer Atmosphäre gewichen ist, in der es weit mehr als früher möglich ist zu sagen und zu schreiben, was man denkt und für richtig erachtet, ohne mit Sanktionen rechnen zu müssen, sollten diese Überlegungen oder Überzeugungen angeblich nicht in Einklang zu bringen sein mit der Lehre der Kirche. Dennoch macht man sich, so denke ich, etwas vor, wenn man glaubt, dass die alten Mechanismen, das alte Denken, aber auch die so lange vorherrschende Angst in der Kirche, damit ausgemerzt oder vertrieben worden sind. Sie haben die Kirche noch nicht verlassen.

Ich will und werde jedenfalls in aller Freiheit über meine Erfahrungen mit der Kirche berichten. Ich bin selbst gespannt darauf, was mir dadurch deutlicher wird. Vor allem aber hoffe ich, damit meinen Kindern und manch anderen verständlicher zu machen, warum ich dennoch in der Kirche bleibe, was mir die Kirche bedeutet, was ich ihr verdanke, was mich, so vermute ich, bis zu meinem Lebensende an ihr festhalten lässt.

Ich widme dieses Buch unseren Kindern Dorothea und Thomas Morus.

Herrn Uwe Globisch vom Kösel-Verlag danke ich für die unkomplizierte und ermutigende Begleitung.

Wunibald Müller

Behütet und Aufbruch

Kindheit, Internat, Schule

Möglichst kirchenkonform leben

Die Kirche meiner Kindheit war die vorkonziliare Kirche, die in allen Bereichen meines Lebens sich bemerkbar machte und großen Einfluss auf mich ausübte. Wir wollten eine gut katholische Familie sein. Das zeigte sich natürlich zunächst darin, dass wir selbstverständlich jeden Sonntag in den Gottesdienst gingen und zum Leidwesen von uns Kindern auch in die damals noch übliche Nachmittagsandacht gehen mussten, die für uns einfach nur langweilig war. Die Geisteshaltung meines Vaters, die meine Mutter mittrug, kommt in einem Brief zum Ausdruck, den er an den von ihm sehr geschätzten, ja, verehrten Pater Wunibald Kellner, Benediktiner in der Abtei Münsterschwarzach, nach dem ich auch meinen Namen erhielt, im Dezember 1950 schrieb:

Zunächst darf ich Ihnen mitteilen, dass unsere beiden Kinder Maria und Benedikt bereits schon am 21. September 1950 von unserem Herrgott ein Brüderchen bekamen. Wir haben ihm in der hl. Taufe den Namen Wunibald gegeben. Im Stillen hatten wir ja auf ein Schwesterchen, eine Scholastika, gehofft, aber wir haben uns trotzdem über alle Maßen über unseren kleinen Wunibald gefreut. Er ist ein gesundes, munteres Bürschchen. Hoffentlich ist es uns vergönnt, ein echt christliches Familienleben aufzubauen und weiterzuführen. Leider geben die schweren dunklen Wolken am politischen Himmel Anlass zu ernsthaften Bedenken in dieser Hinsicht. Doch wir wollen mit festem Gottvertrauen weitermachen!

In Pfarrer Joseph Schmitt, Stadtpfarrer, wie wir ihn nannten, der selbstbewussten Kreisstadt Buchen im Odenwald, erlebte ich einen Priester, der treu seinen Dienst tat. Da gab es nichts Auffälliges an ihm. Er war korrekt, fast würde ich sagen neutral, eben ein treuer Diener seiner Kirche, an deren Weisungen er sich, so zumindest der äußere Eindruck, uneingeschränkt hielt. Zu dieser Zeit – wir befinden uns in den Fünfzigerjahren – war das auch kein Problem. Auch nicht für mich. Dazu kam, dass mein Vater sehr kirchenhörig war und ihm zumindest in dieser Zeit viel daran gelegen war, kirchenkonform zu leben. Das ging so weit, dass ich einmal den damaligen Kaplan fragen musste, ob ich in den Film Ben Hur gehen dürfe, obwohl ich noch keine 12 Jahre alt war, was dieser ablehnte. Ich erinnere mich noch sehr lebhaft daran, dass an einem Spätnachmittag, als ich wohl von einer Ministrantenrunde nach Hause kam, mein Vater weinend vor dem Radiogerät in der Küche saß und mir traurig mitteilte, dass gerade die Nachricht gemeldet wurde, Papst Pius XII. sei gestorben.

Die Erfahrung des Heiligen

Sehr positiv habe ich den Augenblick in Erinnerung, als ich das erste Mal zur heiligen Kommunion gegangen bin. Ich sehe mich heute noch, wie ich voller Erwartung in der damals noch nicht umgebauten Buchener Stadtpfarrkirche die Treppe zum Hochaltar hochging und dann den Leib Christi empfing. Das war für mich ein überwältigender Moment, bei dem ich, so würde ich es heute ausdrücken, eine Ahnung von dem erleben durfte, was mit der Erfahrung des *tremendum et fascinosum*, der Erfahrung des Heiligen, am ehesten beschrieben werden könnte.

Wenn ich heute auf mein Leben zurückblicke, dann zählt dieser Moment mit zu den tiefsten Erfahrungen, die ich zunächst einmal mit Kirche verbinde, die aber, wenn ich genauer hinschaue, eine Erfahrung ist, die über Kirche oder meine Zugehörigkeit zur Kirche weit hinausgeht. In diesem Augenblick war ich zutiefst berührt und erfüllt von dem Bewusstsein, dass Jesus, und damit Gott, bei mir einkehrt. Ich könnte diese Erfahrung analytisch auseinandernehmen, sie mir psychologisch als Ergebnis der entsprechenden Hinführung zur ersten heiligen Kommunion im Rahmen des Kommunionunterrichtes erklären und so weiter und so fort. Ich habe das aber nicht getan und werde es auch in Zukunft nicht tun.

Mein Herz geben

Meine Mutter war eine tiefreligiöse Frau. In ihrem Nachlass entdeckte ich ein Büchlein von ihr, dem sie offensichtlich ab und zu ihre innigsten Gedanken anvertraute. Es berührte mich sehr, darin zu lesen, welch eine innige Beziehung sie zu Jesus pflegte, zu dem sie wie zu einem Freund redete. Sie hatte sicher nie etwas von Teresa von Avila gelesen, die das Beten vergleicht mit einem Gespräch mit unserem Freund Jesus. Genau diese Art von Beten pflegte sie. Sie hatte aber auch ein inniges Verhältnis zu Maria. Oft bin ich mit ihr, vor allem im Mai, in die Lourdeskapelle in Buchen gegangen, um dort mit ihr mit Inbrunst Marienlieder zu singen. Weiter war sie eine große Verehrerin der heiligen Rita. Ihr Rita-Büchlein halte ich hoch in Ehren. Wenn ich jetzt am Sonntag mit meiner Frau in die Augustinerkirche in Würzburg gehe, in der die heilige Rita besonders verehrt wird, und am Ende des Gottesdienstes auf die Rita-Andachten hingewiesen wird, verbinde ich das mit meiner Mutter und mich mit ihr.

Auch wenn ich selbst kein besonderes Verhältnis zur Marienverehrung habe, kann ich auch heute noch aus tiefster Seele Marienlieder singen und das, was dabei bei mir und in mir an Sehnsucht, an Ergriffenheit, ausgelöst wird, einfach zulassen. Glauben heißt auf Lateinisch *credere*, in dem die Worte *cor* und *dare* enthalten sind, also *das Herz geben*. Glauben meint also mein Herz geben. Das habe ich von meiner Mutter gelernt. Ich habe es daher noch nie gemocht, wenn manche glauben, sich über die einfachen gläubigen Menschen abfällig äußern zu müssen, habe ich doch so viele Male erlebt, wie dieses Glauben, bei dem ich mein Herz gebe, Menschen in schwierigsten Lebenssituationen Mut und Kraft verliehen hat.

Der kleine Benediktiner

War der Einfluss von Kirche bis zu meinem 12. Lebensjahr schon sehr stark in meinem Leben, so verstärkte er sich noch durch die Entscheidung, auf das Gymnasium zu gehen, allerdings nicht in das Gymnasium, das sich gegenüber unserem Haus in der Schüttstraße in Buchen befand, sondern in das der Benediktiner von Münsterschwarzach. Das aber brachte es mit sich, dass ich von nun an im Internat leben würde. Zu dieser Zeit verbrachte man die ersten Schuljahre in einem Priorat der Abtei, dem Kloster St. Ludwig, das keine 20 km entfernt von der Abtei am Main gegenüber dem Winzerort Wipfeld gelegen war.

In ein Internat eines Ordens zu gehen, war damals vergleichbar mit einem Ordenseintritt. Der Tagesablauf orientierte sich am klösterlichen Rhythmus, der von Gebet und Arbeit bestimmt war. Der Tag begann um 6.00 Uhr mit der Statio, bei der wir uns, wie das für die Mönche üblich ist, vor der Kapelle aufstellen mussten, um dann gemeinsam zum Gottesdienst in die Kapelle einzuziehen. Danach, noch vor dem Frühstück, war eine kurze Studienzeit anberaumt. Erst beim anschließenden Frühstück war die Zeit des Schweigens aufgehoben. Nach dem Frühstück begann die Schule, danach war das Mittagessen, nach dem Mittagessen fand eine kurze Dankandacht in der Kapelle statt. Am Nachmittag gingen wir jeden Tag unter Leitung des Präfekten spazieren, danach stand die Arbeitszeit an. Wir wurden den verschiedenen Betrieben des Klosters zugeordnet, um dort für eine Stunde mitzuarbeiten oder Arbeiten auf dem Gelände des Klosters zu verrichten. Dieser Zeit schloss sich eine fast dreistündige Studienzeit an, die wir im Studiensaal – wobei wieder Stillschweigen vorgeschrieben war – verbrachten, unterbrochen von einer halbstündigen Pause. Danach gab es Abendessen, gefolgt von der Rekreationszeit, und schließlich der Abschluss des Tages, natürlich wieder in der Kapelle mit dem gemeinsamen Abendgebet. Der Tag war zu Ende, schweigend gingen wir zum Schlafzimmer, das ich mit 40 anderen Schülern teilte. In diese Zeit meines Aufenthaltes in St. Ludwig fiel die Eröffnung des Zweiten Vatikanischen Konzils. Anlässlich der Eröffnungsfeier war eigens ein Fernseher angeschafft worden, sodass wir in der Turnhalle die Eröffnungszeremonie verfolgen konnten. In einer feierlichen Prozession, als seien wir selbst Konzilsteilnehmer – Billy, der die entsprechende Figur hatte, machte den Papst Johannes XXIII. –, zogen wir in die Turnhalle ein.

Doch es dauerte einige Jahre, bis der Geist des Konzils sich in der Kirche bemerkbar machte, vor allem aber mich selbst, mein Herz, erreichte und schließlich mein Denken und dann auch mein Verhältnis zur Kirche beeinflusste. Ich durchlebte zuvor eine seelisch sehr schwere Zeit, deren Ursache ich bis heute noch nicht ganz durchschaut habe. Irgendwann, sicher auch als Reaktion auf den Verlust der elterlichen Geborgenheit, entwickelte ich eine Lebenseinstellung, die ihren wesentlichen Sinn darin sah, sich für andere Menschen aufopfern zu müssen. Ich fastete, deckte mich in der Nacht bewusst auf, um zu frieren, wollte es wohl so manchen Heiligen, die ich mir zum Vorbild genommen hatte, gleichtun.

Irgendwann kam ich aus dieser Haltung heraus, und doch, so glaube ich, haben diese Erfahrungen tief in mir etwas bewirkt. Ist es eine besondere *Sensibilität* für Leid, *die* sich daraus entwickelte, ein besonderes Spüren dafür, wenn es anderen nicht gut geht? Ich bin später wiederholt Situationen begegnet, bei denen ich spürte, da ist jemand ganz am Ende, ja, suizidal, und dann erfuhr ich im Nachhinein, dass die Person aus dem Leben geschieden ist. Oder als Student stellte ich fest, dass Kommilitonen, die Probleme hatten, auffällig häufig sich an mich wandten.

Irgendwie muss ich etwas ausgestrahlt haben, dass sie dachten, der versteht mich.

Ich erwähne das, weil diese Erfahrungen, so vermute ich, auch eine Rolle spielen, wenn es um meine Erfahrungen mit der Kirche und letztlich natürlich mit Gott geht. Dabei geht es vor allem auch um den Beruf, den ich zunächst anstrebte, und um den, den ich dann tatsächlich ergriff, und dabei auch um meine Berufung, wenn ich diesen großen Begriff zunächst einmal etwas ungeschützt gebrauchen möchte.

Eigentlich sollte ich Benediktiner werden. So hatte es sich jedenfalls mein Vater gewünscht. In einem Brief an den bereits erwähnten Pater Wunibald Kellner spricht mein Vater deutlich von diesem Wunsch, den ich bei ihm wohl auch so spürte. Da ich meinem Vater gefallen wollte, tat ich natürlich alles, um seinen Wunsch zu erfüllen. Eigentlich hatte mein Vater vor dem Krieg überlegt, bei den Benediktinern in Münsterschwarzach einzutreten. Da daraus aber nichts geworden war, sollte das jetzt wohl durch meinen älteren Bruder Benedikt, der mit mir im Internat war, und mich »nachgeholt« werden.

In einem Brief an Pater Wunibald aus dem Jahre 1963 schreibt mein Vater anlässlich des 25. Jahrestages der Wiederbesiedelung der Abtei:

Überaus groß ist meine Freude, dass zwei meiner Buben heute im dortigen Seminar sein dürfen, darunter einer, der Ihren Namen trägt. Man kann es sicherlich nicht wägen und messen, was die Begegnung mit Münsterschwarzach und mit den Mönchen des hl. Benedikt für mich im bisherigen Leben bedeutet hat. Immer habe ich jedenfalls versucht, benediktinischen Geist in meiner Familie zu wecken und zu erhalten.

Aufbruch

Bereits 1961 hatte mein Vater Pater Wunibald geschrieben, wie viel ihm daran gelegen ist, seine drei Buben »dem Herrgott zu schenken«, wie er es formuliert. Es steigen ganz unterschiedliche Gefühle in mir auf, wenn ich in seinem Brief lese:

Unser Wunibald und unser Burkard (mein jüngerer Bruder) wollen auch nach St. Ludwig ... Wenn man immer wieder hört, wie groß die Not und der Mangel an Missionaren in den Missionsländern ist, möchten wir als Eltern hoffen, dass alle drei Missionare werden. Wir wollen gerne unsere Buben dem Herrgott schenken, wenn er dieses Geschenk von uns annimmt.

Der Herrgott hat dieses Geschenk jedenfalls nicht angenommen, weil er natürlich bei aller Würdigung der Interessen meines Vaters zuerst mich und meine Brüder in den Blick genommen und sich überlegt hat, was er mit uns vorhat. Das war aber etwas anderes als das, was sich der Vater gewünscht hatte. Mein Bruder Benedikt ist Psychiater geworden, hat geheiratet und hat mit seiner Frau Birthe drei Kinder. Mein Bruder Burkard ist heute bei einer Versicherung angestellt, mit Hanne verheiratet und hat drei Kinder. Meine Schwester Maria, die Älteste von uns Kindern, die an einem Marienfest zur Welt gekommen ist, sonst hätte sie den Namen Scholastika bekommen, ist Krankenschwester geworden, hat geheiratet und mit ihrem Mann Norbert ebenfalls drei Kinder.

Ich bin nicht bei den Benediktinern in Münsterschwarzach eingetreten. Nach St. Ludwig ging es zunächst nach Münsterschwarzach, von dort aus dann nach Würzburg ins Internat St. Benedikt und auf das dortige Riemenschneider-Gymnasium. Ich unterbrach nach der Mittleren Reife die Schulzeit und war für eine kurze Zeit Postulant bei den Missionsbrüdern des heiligen Franziskus in Bug bei Bamberg, mit dem Ziel, als Missionar nach Paraguay zu gehen. Der Wunsch des Vaters wirkte nach.

Doch sehr schnell spürte ich, dass das nicht mein Weg ist. Ich traf die Entscheidung, wieder auf die Schule zu gehen und zwar in die Spätberufenenschule der Karmeliten in Bamberg. Das war die beste Entscheidung, die ich treffen konnte. Ich blühte dort regelrecht auf. Das verdanke ich vor allem auch Lehrern wie Gerdi und Erwin Zehentmeier. Es war, wie wenn ein Knoten in mir geplatzt wäre und ich jetzt endlich alle meine Kreativität zulassen und entfalten konnte. Ich wurde Klassensprecher und Schulsprecher und entdeckte endlich auch die Welt außerhalb der Kirche. Zu dieser Zeit hatte mein einst sehr heiles Bild von Kirche schon einige Kratzer bekommen. Zuvor war ich noch ganz kirchenfixiert gewesen, sammelte Papstbilder, während andere in meinem Alter sich für Schauspieler interessierten oder die Bravo lasen.

Ein erstes Umdenken bewirkte bei mir die Lektüre von Heinrich Bölls *Ansichten eines Clowns*. Da äußerte sich jemand zur katholischen Kirche auf eine Weise, die für mich neu war. Ich hätte mich ja auch darüber empören können, wie frech und respektlos da jemand über die Kirche schrieb. Aber das war nicht der Fall. Ich wurde kritischer. Das hatte sicher auch mit der Person Heinrich Bölls zu tun, der mir als der gute Mensch erschien, weil er in dem, was er schrieb, eine Haltung an den Tag legte, die von einem Grundwohlwollen gegenüber den Menschen geprägt war, die mir zutiefst entsprach. Später erging es mir ähnlich auch bei Graham Green, dessen Katholizismus, seine Offenheit für das Geheimnisvolle, seine Sensibilität für das Schuldhafte, sein Überwinden des Schwarz-Weiß-Denkens mich ansprachen. Für meine spätere Arbeit als Psychotherapeut, vor allem auch für Priester und kirchliche Mitarbeiter, hat mir das sehr geholfen, auch, so hoffe ich, ohne etwas zu beschönigen, um selbst im niedrigsten Priester eine Art Heiligkeit zu entdecken, die mit der Schmach einhergeht, wie es in dem Roman *Die Tochter Sions* von Josef Vital Kopp heißt.

Der Priester in mir

Ich bin nicht Priester geworden und dennoch würde ich von mir sagen, dass ich eine starke priesterliche Seite habe. Damit meine ich, dass es, unabhängig davon, ob jemand Priester oder Priesterin einer bestimmten Kirche ist, ein inneres Priestertum gibt. Da bin ich jemand, zu dem es wesentlich gehört, sich dem Heiligen zu geben, im Dienst des Heiligen zu stehen. Das meint ja auch das lateinische Wort für Priester, nämlich *sacerdos,* das aus den Worten *sacer,* also heilig, und *dare,* was mit geben übersetzt werden kann, besteht. Es ist jemand, der für das Heilige, die Welt des Religiösen sensibel ist. Das trifft jedenfalls auf mich zu. Ich habe diese Offenheit und Sensibilität bei vielen Männern und Frauen festgestellt, die nicht Priester oder Pastorin sind, während ich sie bei manchen amtlich bestellten und kirchlich geweihten Priestern schmerzlich vermisste.

Ich kann meine priesterliche Seite sehr gut in meinem Beruf als Psychotherapeut leben, aber auch darüber hinaus, etwa wie ich durchs Leben gehe, wie ich Menschen begegne, wie ich meine Beziehung zu Gott pflege. Ich glaube, ich kann es, was mich betrifft, so sogar besser leben als in der Gestalt des offiziellen Priesters der katholischen Kirche. Dieser Rahmen wäre mir zu eng, ganz abgesehen davon, dass die Abhängigkeit von einem Bischof, dessen mögliche Einseitigkeit mich zusätzlich in Loyalitätskonflikte bringen würde, für mich zu einer großen Herausforderung werden würde.

Ein Generalvikar äußerte einmal, dass er seine Priester nicht ins Recollectiohaus schicken würde, weil das Priesterbild, das wir dort vertreten würden, nicht seinen Vorstellungen entspräche. Wir haben aber im Recollectiohaus nicht irgendein bestimmtes Priesterbild, das wir forcieren würden. Im Recollectiohaus sollen Priester, unabhängig davon, welches Bild sie als Priester von sich haben, die Chance bekommen, an dem zu arbeiten, was sie – auch als Priester – weiterbringt. Wichtig ist, dass sie sich in ihrer »Rolle« wohlfühlen, sie sich als stimmig erleben, sie natürlich auch sensibel dafür sind oder werden, wie ihr Verhalten auf die anderen wirkt, und ob ihr Dasein und Wirken ihnen selbst und denen, für die sie da sind, zum Segen gereicht. Das ist das eine. Auf der anderen Seite habe ich persönlich ein Priesterbild, das dem des besagten Generalvikars vermutlich nicht entspricht. In seiner Diözese wird vom Priester an erster Stelle erwartet, dass er der konservativen Linie des Bischofs uneingeschränkt Folge leistet. Es ist das klerikale Priesterbild, das hier vorherrscht, also der Kleriker sich wesentlich vom Laien unterscheidet, vor allem aber der Bischof wie ein König regieren darf, alle um ihn herum ihm zu Diensten sein müssen. Wehe, es wagt einer, sich dem zu widersetzen! Er wird sofort zur Ordnung gerufen.

Als ich im Zusammenhang mit der Missbrauchsaffäre den Bischof dieser Diözese wegen seines Umgangs mit einem Priester, der einen Minderjährigen missbraucht hatte, öffentlich kritisierte, rief mich der Generalvikar an, um mich mit Vorwürfen zu überschütten. Ich wies ihn in seine Schranken und erneuerte ihm gegenüber meine Kritik am Bischof, der, so mein Eindruck, das Gespräch mit verfolgte, da mir von seinem Sekretär zunächst mitgeteilt worden war, der Bischof wolle mich sprechen. Bewusster Bischof fand es übrigens nicht für angebracht, bei einem Besuch in einem Gefängnis, in dem er zu einer offiziellen Feier eingeladen worden war, seinen priesterlichen Mitbruder zu besuchen, der dort wegen eines Missbrauchsvergehens einsaß. Damit wollte er nichts zu tun haben.

Ich erwähne das, weil es für mich ein Beispiel dafür ist, dass ich mir nicht vorstellen kann, einem Bischof, der sich einfach nicht korrekt verhält, nur weil er der Bischof ist, nicht zu widersprechen, weil sich das angeblich nicht gehört und von dem betroffenen Bischof oft dann auch noch als Majestätsbeleidigung betrachtet wird. Eine Majestätsbeleidigung muss man aber nicht ernst nehmen, sondern ahnden, indem man den Beleidiger abstraft. Leider war es und ist es zum Teil auch heute noch so, dass die Umgebung eines Bischofs sich nicht getraut, den Bischof, der sich danebenbenimmt oder sich Dinge herausnimmt, die ihm nicht zustehen, damit zu konfrontieren. Wozu eine solche Zurückhaltung führen kann, haben die Ereignisse um Bischof Franz-Peter Tebartz-van Elst in Limburg gezeigt. Dessen zum Teil sehr eigenartigen Verhaltensweisen waren ja nicht erst mit der kostspieligen Bischofs-Wohnung zutage getreten. Wer wirklich hinhörte, was die kirchlichen Mitarbeiter über ihn berichteten, konnte nur den Kopf schütteln. Doch niemand in seiner Umgebung, auch nicht seine bischöflichen Mitbrüder, hatte den Mut, ihm zu widersprechen, da er als Bischof anscheinend sakrosankt ist.

Ich denke an einen anderen Bischof, der seinen Hut nehmen musste, von dem seine Umgebung lange Kenntnis davon hatte, dass er sich schon am Vormittag einen Cognac gönnte. Niemand getraute sich, ihn damit zu konfrontieren. Einen Vorgesetzten mit seinen Alkoholproblemen zu konfrontieren, ist an sich schon äußerst schwierig und heikel, dies gar bei einem Bischof zu tun, nahezu unmöglich. Es dauerte lange, bis endlich die verantwortlichen bischöflichen Mitbrüder die notwendigen Schritte unternahmen und den Papst überzeugen konnten, dass der Bischof nicht länger tragbar war.

Studienjahre in Freiburg und Jerusalem

Meine Liebe zum Alten Testament und den biblischen Stätten

Mit dem Abitur im Jahre 1972 ließ ich die Schulzeit hinter mir – ich war inzwischen 21 Jahre alt – und begann an der Universität Freiburg mit dem Theologiestudium. Für das Studium der Psychologie hatte ich mich zu spät beworben, sodass ich erst ein Jahr später, dann aber schon in Würzburg, zusätzlich zur Theologie auch Psychologie studieren konnte.

Aus der Freiburger Zeit ist mir vor allem der Alttestamentler Alfons Deissler in guter Erinnerung. Damals hörte ich seine
Einführung in das Alte Testament. Später, als ich in Freiburg
tätig war, erlebte ich ihn öfters im Rahmen von Veranstaltungen
der Priesterfortbildung, für die ich verantwortlich war. Alfons
Deissler gehört für mich zu den Alttestamentlern, zu denen ich
auch Erich Zenger, Notker Füglister und Ernst Haag zähle, die
für mich durch ihre Person das Alte Testament verkörperten.
Meine Liebe zum Alten Testament verdanke ich auch ihnen.
Wer einmal erlebt hat, wie innigst Alfons Deissler von Hosea
und Amos gesprochen hat, für den werden diese Propheten
lebendig, ja, der lässt sich ergreifen von dem Propheten Hosea
(6,6 und 11,8), wenn er Gott sprechen lässt: »Ich habe Lust an
der Liebe und nicht an Opfern«, oder: »Mein Herz ist anderen
Sinnes, alle meine Barmherzigkeit ist entbrannt.«

Meine Liebe zum Alten Testament oder, wie man heute oft
auch sagt, Ersten Testament hat sich bis heute erhalten. Dazu
trug auch mein Studienaufenthalt von 1974 bis 1975 in Jerusalem bei. Die Texte des Alten Testamentes wurden dort zu
Fleisch. Das traf auch auf viele Texte des Neuen Testamentes
zu. Neben der Landschaft waren es auch hier vor allem Personen, die mir einen tieferen Zugang zu den Inhalten der Bibel
verschafften. Ich denke an Pater Elpidius Pax und Pater Bargil
Pixner, die mich dafür sensibel machten, dass es, wie ein Buch
von Bargil Pixner heißt, ein fünftes Evangelium gibt, dem wir
in der Landschaft und den Orten und Plätzen begegnen, von
denen in der Bibel berichtet wird. Diese Orte, die Landschaft,
die Atmosphäre sind geblieben. Mich zog es während meines
Studienaufenthaltes immer wieder nach Tabgha, dem Ort der
Brotvermehrung, direkt am See Genezareth gelegen.

Auch bei meinen späteren Israelaufenthalten hielt ich mich
am liebsten in dem sogenannten biblischen Dreieck auf, also in
der Gegend um Bethsaida, Kafarnaum und Chorazin. In Tabgha
gibt es eine Stelle, die laut Bargil Pixner die Stelle sein könnte,
an der sich Jesus am liebsten aufgehalten hat. Ob das stimmt,

weiß ich nicht und es ist mir auch egal. Aber ich bin gerne dort gewesen und habe mir vorgestellt, dass Jesus sich hier aufgehalten hat und vor allem in dieser Gegend gewirkt hat. Oder ich bin in aller Frühe noch vor Sonnenaufgang an den See gegangen, habe einen Text aus den Evangelien gelesen, der mit der Gegend hier in Verbindung gebracht wird, und habe dann einfach, mit Blick auf den See und die ihn umgebende Landschaft, den Text in mir nachwirken lassen.

Diese Erfahrungen waren für mich und für meinen Glauben nicht weniger wichtig als das Studium der Theologie und da vor allem der Exegese, die mir einen Einblick in die Welt der Theologie, die Entstehung der alten Texte, ihre Intentionen, ihre scheinbaren oder tatsächlichen Widersprüche, gaben. Hier lernte ich, sosehr das anfangs auch zu einer Verunsicherung beigetragen hat, dass es eine Wahrheit über das Leben und Wirken Jesu, seine Wunder usw. gibt, die man zu erklären versuchen kann, die aber, trotz aller wissenschaftlicher, archäologischer, geschichtlicher Bemühungen, unerklärbar und unsagbar bleibt, sosehr es sinnvoll und hochinteressant ist zu versuchen, sie zu beschreiben und zu erklären.

So finde ich etwa den Versuch des Neutestamentlers Rudolf Pesch, die letzten Tage Jesu zu dokumentieren, äußerst spannend und beeindruckend. Es wird dabei deutlich, wie vieles von dem, was in den Evangelien berichtet wird, geschichtlich belegt werden kann. Auch wird einem noch einmal bewusst, dass es sich bei Jesus um eine konkrete Person gehandelt hat, die zu einer bestimmten Zeit, an einem bestimmten Ort gelebt und gewirkt hat. Zugleich bleiben aber viele Fragen offen, und der Weg von diesem Jesus, der hier gelebt hat, zu jenem Christus, von dem wir glauben, dass er auferstanden ist, und zu dem wir beten, ist ein langer Weg, den der eine mitgehen, ein anderer aber nicht mitgehen kann.

Christus von außen und von innen her begegnen

Als ich von meinem Studienaufenthalt in Israel zurückkam, setzte ich das Studium in Würzburg fort. Inzwischen war ich auch in das Cusanuswerk, die Studienstiftung der deutschen Bischöfe, aufgenommen worden. Bei der ersten Ferienakademie des Cusanuswerkes – es ging um das Thema Schöpfung – machte der Studentenpfarrer den Vorschlag, dass einer der Studierenden am Sonntag die Homilie halten sollte. Irgendwie fiel die Wahl auf mich. Ich kann mich noch gut erinnern, wie wir einen Gottesdienst im Freien feierten, ich nach dem Evangelium aufstand und frei folgende Homilie hielt:

Was soll ich euch denn sagen? Gescheiter über Gott und Glauben reden als dies in den vergangenen Tagen getan wurde, kann ich nicht. Es tröstet mich allerdings der Gedanke, dass die Leute, die die Heilige Schrift verfasst haben, das sicher auch nicht konnten. Und doch, wie sehr und wie tief haben diese Leute glauben können? Nur, weil »Naive« besser glauben können, oder weil sie sich einen Zugang zum Glauben offen gehalten haben, den andere verloren haben oder der bei anderen blockiert ist? Ein Theologieprofessor hat mir einmal gesagt, dass er die sehr harte Zeit seiner Glaubenskrise überwunden hat, allein aufgrund der gesunden Frömmigkeit der Dorfpfarrer in Oberbayern. Ich gebe zu, das klingt brutal, gerade wenn man selbst so manchen Dorfpfarrer kennt. Und dennoch: Ich kann den Professor verstehen. Ausgesetzt den Fallen und Klippen der Theologie, wo man ständig auf die nächste Bauchlandung vorbereitet sein muss, ist man verblüfft, Menschen kennenzulernen, die einfach glauben können – und das echt und überzeugend.

Ich habe selbst eine ähnliche Erfahrung gemacht. Anlässlich einer ökumenischen Feier auf dem Berg Zion in Jerusalem sollte eine Szene aus dem Neuen Testament gespielt werden: die Stillung des Seesturmes auf dem See Genezareth. Damit sollte demonstriert werden: Wir, alle Christen, sitzen im gleichen Boot und jetzt, wo *wir nicht mehr weiterkommen, sollten wir uns daran erinnern, dass Jesus mit uns im Boot sitzt. Nun haben die Leute zu mir gesagt, du bist groß, du bist der richtige Jesus, du machst den Jesus. Ich habe mich mit Händen und Füßen dagegen gewehrt. Exegetisch verdorben wie ich war, schien es mir schlicht unmöglich zu sein, den Jesus zu spielen, Worte zu sagen, die er gar nicht gesagt hat, oder gar mit erhobenen Händen den Seesturm zum Schweigen zu bringen. In diesem Moment wurde mir schlagartig bewusst, wie sehr ich mich von den biblischen Erzählungen entfernt habe, wie wenig ich mit ihnen eigentlich noch anfangen konnte. Als ich den anderen noch einmal erklärte, dass ich das nicht kann, fragte mich ein junger Mann, der zu den Jesusbrüdern, einer protestantisch-charismatischen Gruppe, gehörte:* »Was willst du denn eigentlich? Das ist doch kein toter Text, der nur für irgendeine sterile Exegese taugt. Diesen Text muss man leben. Da muss man den Mut haben, einfach mal zu springen.*

Und dann bin ich – mich selbst vergessend – tatsächlich gesprungen und habe Jesus gespielt. Ich weiß nicht, ob das richtig war, ob ich mir etwas vormachte, aber ich fühlte mich geheilt. Ich hatte wieder einen Zugang zu dem Text gefunden. Ich kann euch nur vorschlagen: Habt den Mut, wenigstens ab und zu, euch selbst vergessend, einfach zu springen!

Entscheidend ist für mich, Jesus innerlich zu begegnen, wobei das, was ich von ihm durch die Evangelien gehört habe, dabei auch wichtig ist. Doch solange ich ihm nicht innerlich begegne, ich nicht wirklich in eine Beziehung zu ihm trete, bleibt alles ein äußeres Geschehen, bleibt Jesus auch für mich eine Person, die ich nur von außen her kenne und die mir daher auch nur von außen her begegnet. Erst später in meinem Leben, als ich mich mit C. G. Jung befasste, ist mir noch einmal klarer geworden, wie sehr für mich diese innere Begegnung mit Jesus oder Christus von Bedeutung ist. Ich stimme C. G. Jung (1972, 25) zu, wenn er, bezogen auf Christus, meint: »Zu wenige haben es erfahren, dass die göttliche Gestalt innerstes Eigentum der eigenen Seele ist. Ein Christus ist ihnen nur außen begegnet, aber nie aus der eigenen Seele entgegengetreten.«

Damit sage ich nicht, dass mir der äußere Jesus weniger bedeutet. Er ist die Voraussetzung für den inneren Christus. Nie und nimmer wollte ich den äußeren Jesus missen. Der innere Christus könnte ohne ihn sehr schnell zu einem rein innerlichen Phänomen reduziert werden. Was ich meine, ist: Nur wenn mich Jesus zutiefst trifft, er – und ich könnte natürlich auch sagen: Gott – mich existenziell berührt, hat das wirklich Konsequenzen für mich und mein Leben. Das ganze theologische Bemühen, manchmal auch nur Getue und Gezänk, das ganze kirchliche Zelebrieren, manchmal aber auch lediglich Gehabe und Brimborium, kann man sich schenken, bleiben an der Oberfläche, prallen an unserer Außenfassade ab und haben keine wirklichen Auswirkungen auf uns, solange Jesus, Christus, Gott, uns nicht unbedingt angeht, für uns nicht die alles entscheidende und jede Faser von uns durchwirkende Wirklichkeit ist, sosehr er auch immer das große Geheimnis bleibt.

Da aber sieht es in der Kirche – und natürlich auch bei mir selbst – düster aus. Und dennoch bin ich in der Kirche solchen Menschen begegnet, für die das gilt. Ich bin ihnen weniger unter den offiziellen Kirchlichen begegnet – aber natürlich auch unter ihnen –, sondern vorwiegend unter ganz einfachen, bescheidenen Menschen. Sie hinterließen bei mir ohne große Gesten, ohne viele Worte durch ihr bloßes Sein, ihr Auftreten, ihr Tun, den Eindruck, aus der erfahrenen Nähe und Verbundenheit mit Jesus mit Gott zu leben. Für sie ist es wichtig, Jesus, Gott, in ihrem konkreten Leben, in ihrem Umfeld, da, wo ich lebe und arbeite, Wirklichkeit werden zu lassen und sich dabei von Jesus inspirieren zu lassen.

Sie verbringen nicht viele Stunden damit, die richtige liturgische Kleidung zu finden, geben nicht Tausende von Euros aus für die angemessene Ausstattung – Bischofsring und Bischofskreuz – als zukünftiger Bischof oder Weihbischof. Sie bleiben nicht mit einer Selbstverständlichkeit, wenn sie in Rente gehen, in ihren Pfarrhäusern oder Bischofshäusern wohnen. Sie setzen sich nicht mit einer Selbstverständlichkeit über die einfachsten Regeln der Höflichkeit hinweg, indem sie nicht pünktlich sind, Briefe nicht beantworten. Sie fahren nicht in großen Autos mit der Begründung, das sei ja auch eine Art Arbeitszimmer. Sie halten sich nicht für unersetzlich, treten rechtzeitig ab, tun nicht so, als würden sie sich für die anderen opfern, in Wirklichkeit aber einfach nicht – auch von ihrem Einfluss und ihrer Macht – loslassen können.

Bei meinem Studienaufenthalt in Israel habe ich auch die Vielfalt christlicher Kirchen kennen- und schätzen gelernt. Ich habe unter anderem durch Pfarrer Johannes Düsing den Reichtum der Orthodoxie und ihrer Liturgie erleben dürfen. Als ich während meines Studiums in Jerusalem darüber im Rheinischen Merkur einen Artikel schrieb und dabei auch auf eine kritische Äußerung von Pfarrer Düsing über das lateinische Patriarchat einging, das er in Jerusalem wohl eher für einen Fremdkörper betrachtete, brachte ihm das, wie er mir erzählte, einen Rüffel vom Vatikan ein.

Befremdlich bis abstoßend empfand ich die gewaltsamen Ausschreitungen in der Grabeskirche anlässlich der Osternacht, zu denen es immer wieder unter den Vertretern der unterschiedlichen Kirchen kam, wenn sie den Eindruck hatten, dass ihre Besitzansprüche nicht gewahrt wurden. Auch das ist eine Wirklichkeit von Kirche beziehungsweise Kirchen, bei denen man sich ernsthaft fragt, was das mit Gott zu tun haben soll, um dann zu der klaren Antwort zu kommen, dass es natürlich nichts mit ihm zu tun hat, sondern schlicht mit sehr menschlichen Machtansprüchen, mögen sie auch noch so sehr spirituell garniert werden.

Ich werde die reine, die heilige katholische Kirche nirgendwo entdecken. Ich werde dem vollkommenen Christen, dem vollkommenen Priester, Bischof, Papst nie begegnen. Wenn ich am Fest Maria Himmelfahrt in Neustift in Tirol zum Gottesdienst in die Kirche gehe, dann gehört dort die Kräuterweihe und die sich an den Gottesdienst anschließende Prozession durch das Städtchen zur Tradition, die hier gepflegt wird. Ich begegne einer Kirche, wie ich es aus meiner Heimatstadt Buchen von den Fünfzigerjahren her kenne. Die Kirche ist voll, viele Gläubige singen die Marienlieder mit. Bei der Prozession beteiligen sich neben den Gläubigen die Bergwacht, die Feuerwehr, die Blasmusik, Trachtengruppen und schließlich die Honoratioren, die hinter dem Allerheiligsten herschreiten. Da sehe ich meinen Vater, wie er als stellvertretender Bürgermeister, die Amtskette tragend, hinter dem Allerheiligsten hergeht. Viele mögen sagen, das hat mit Gott wenig zu tun, das ist Folklore. Wer aber weiß das?

Ich finde, das gehört auch zu Kirche und das darf und soll auch weiterhin dazugehören. Da treffen sich Menschen an einem Samstagvormittag für einige Stunden, um Eucharistie miteinander zu feiern, miteinander zu beten und zu singen. Da erklingt das Vaterunser in den Straßen des Ortes, durch den das Allerheiligste getragen wird, manche verbeugen sich andächtig davor oder knien, die Männer nehmen den Hut vom Kopf. Dass so etwas möglich ist, dass Menschen auf diese Weise zusammengeführt werden, verdanken wir der Kirche. Darum aber soll es ja auch bei der Kirche gehen: Menschen zusammenzuführen. Menschen aus der Isolation, aus der Konzentration auf sich selbst, manchmal auch dem Kreisen um sich selbst, herauszuführen.

Berufung – zwischen Schicksal und Freiheit

Auch wenn ich nicht ins Priesterseminar ging, war für mich auch noch während meines Studienaufenthaltes in Israel klar, dass ich Priester werden will. Ich erneuerte diese Entscheidung für mich bei einem Aufenthalt in der Wüste. Dazu war ich eigens mit dem Bus nach Mitzpe Ramon gefahren, meine Lutherbibel und einige Flaschen Wasser im Gepäck. Da saß ich dann stundenlang auf einem Felsen und dachte über mein Leben nach, um mich schließlich noch einmal ganz bewusst für diese Richtung in meinem Leben zu entscheiden. Auch wenn ich später diese Entscheidung revidieren musste, waren diese zwei Tage in der Wüste für mich eine tiefe spirituelle Erfahrung. Ich war ganz bewusst in die Wüste gegangen, um dort, so hoffte ich, eher als anderswo Gottes Stimme zu vernehmen, von ihm zu hören, was er mit mir vorhat.

Es waren damals noch keine zwei Jahre her, dass ich den großen Theologen Karl Rahner besucht hatte, um mit ihm ein Interview für unsere Schülerzeitung *Egmatanjo* zu führen. Damals schon beschäftigten mich Themen wie Kirche, Kirchenaustritt, Priestertum und Zölibat. Wenn ich heute dieses Interview lese, finde ich viele Fragen darin, die mich damals persönlich betrafen und beschäftigten. So auch die Frage, welche Aufgabe ein Priester heute – wir schrieben damals das Jahr 1972 – habe. Karl Rahner antwortete darauf:

»Der Priester ist gestern, heute und morgen derjenige, der im amtlichen Auftrag der Kirche und unter dem Engagement seiner Arbeit, seiner Zeit und seines persönlichen Lebens der Verkünder der Botschaft Jesu Christi ist. In dem Augenblick, in dem ich nicht mehr davon überzeugt wäre, dass diese Botschaft den Menschen heute Entscheidendes, ja sogar das Letzte zu sagen hat, kann ich nicht Priester werden (…) Ich kann als junger Mensch sagen: hier ist eine Richtung. Diese Richtung zielt auf Gott, den Herrn der Geschichte und aller Wirklichkeit. Das Übrige muss die Zukunft bringen (…) Da muss man auch sagen, man trifft eine Entscheidung und hofft auf Gott und seine Gnade, dass man diese Entscheidung als die innere Entelechie auch der Zukunft durchtragen kann.«

Es waren Worte, wie für mich gesprochen. Er schenkte mir damals auch den von ihm neu bearbeiteten Klassiker *Der Glaube der Kirche* von Josef Neuner und Heinrich Roos, der die wichtigsten Urkunden über den katholischen Glauben enthielt, und einen Band seiner Schriften zur Theologie.

Nun, so würde ich heute sagen, ich hatte Glück. Obwohl ich einige Jahre später für einige Monate ins Priesterseminar in Freiburg ging und damals, wie es zu dieser Zeit üblich war, die erste niedere Weihe empfing, wurde mir zunehmend klar, dass der Priesterberuf nicht der Beruf ist, der vor meinem Innersten bestehen kann. Erst als ich in eine tiefe Depression fiel, war ich bereit, das zu akzeptieren. Mir hat das gezeigt, dass wir in unserer Seele eine Instanz haben, die mehr als unser bewusstes Ich weiß – und das auf einer tieferen Ebene –, wozu wir bestimmt sind, und dass wir gut beraten sind, ihre Hinweise ernst zu nehmen. Erst als ich die Entscheidung getroffen hatte, nicht mehr Priester werden zu wollen, ging es mir wieder besser.

Ich bin davon überzeugt, dass wir zwar immer wieder Entscheidungen treffen müssen, zugleich aber Kräfte wirken, die letztlich unser Leben bestimmen. Für mich haben diese Kräfte mit Gott zu tun. Ich kann mich nicht einfach passiv dem Leben, dem Schicksal überlassen. Ich kann aber auch nicht dagegen anrennen, ich kann mit dem Schicksal, der Fügung, der Bestimmung kooperieren, kann dazu beitragen, dass das, was mir zugerufen wird, mir zugedacht ist, vollendet wird. Ich bin dann nicht einem Treibholz vergleichbar, das einfach vom Strom mitgerissen wird. Vielmehr bin ich wie ein Fisch, der die Strömung für sich nutzt, sich einmal von ihr mitnehmen lässt, dann aber auch gegen die Strömung schwimmen kann. Ich bin dann nicht einfach der Strömung ausgesetzt, sondern kann auf sie reagieren und antworten, um dabei für mich herauszufinden, was für mich ansteht, was mir letztlich guttut, was meine Bestimmung ist.

Extra ecclesiam nulla salus est?

Mein Studienaufenthalt in Israel ermöglichte mir, auch gläubige Juden, und wie sie ihren Glauben leben und praktizieren, kennenzulernen. Lebhaft ist mir in Erinnerung die Pessachfeier in der Familie von Professor Katzenstein, wie wir alle um den

Tisch herumsitzen und der Jüngste in der Familie fragt: »Warum feiern wir denn Pessach?« Das Austeilen der Mazzenbrote, die Gebete, die familiäre und zugleich feierliche Atmosphäre, das Gespräch miteinander. Oder ich denke an die Eröffnung des Sabbats in der Reformsynagoge von Schalom Ben-Chorin. Ich sehe Schalom Ben-Chorin vor mir, wie er voll Innigkeit die Zeremonie vollzieht. Es ist diese Innigkeit, die mich tief berührt und die mir sagt, da spricht, singt, betet jemand, der getroffen ist von der Anwesenheit des Unaussprechlichen, den wir Jahwe, Gott, nennen. Dieser Jahwe ist auch der Gott, der Unbeschreibliche, Geheimnisvolle, den ich meinen Gott nenne, zu dem ich bete. Meine Erfahrungen mit dem Islam sind beschränkt. Aber, wenn ich in Ländern bin, in denen ich in aller Frühe die Stimme des Muezzin vernehme, der ruft, es ist besser zu beten als zu schlafen, dann lasse ich mich von seinem Gesang mitnehmen und bete zu Gott, den die Muslime Allah nennen.

Der Anspruch der katholischen Kirche: *extra ecclesiam nulla salus est*, dass es also außerhalb der Kirche kein Heil gibt, hat da keinen Bestand mehr, schon gar nicht, wenn ich an die bereichernden Erfahrungen denke, die ich in anderen christlichen Kirchen gemacht habe, mit denen ich während meines Studienaufenthaltes in Israel und dann später in den USA vertraut wurde. Ich habe in dieser Zeit und danach gelernt, wie wichtig es ist, auf den Menschen zu schauen. Wie wirkt sich sein Glaube auf sein Leben, auf sein Verhalten aus? Wie hält er es mit der Liebe? Das mag sehr einseitig sein, aber es ist biblisch. Denn Gott ist die Liebe, und was immer wir glauben, welche Position wir auch innerhalb einer Religion oder Kirche innehaben mögen: »Hätten wir aber die Liebe nicht, so nutzte es nichts.«

Studienjahre in Würzburg und Berkeley

Der Menschen wegen

Wieder zurück von meinem Studienaufenthalt in Israel setzte ich 1975 meine Studien in Theologie und Psychologie an der Universität in Würzburg fort. Besonders inspiriert haben mich in dieser Zeit Rolf Zerfaß, Professor für Pastoraltheologie und Homiletik und der Dogmatiker Alexandre Ganoczy. Sie waren Theologen, ganz geprägt vom Geist des Zweiten Vatikanischen Konzils, den Studenten zugewandt. Was sie uns zu sagen hatten, ging weit über den engeren kirchlichen Kontext hinaus.

Alexandre Ganoczy, Zwingli-Experte, verschaffte uns Einblicke in die theologische Welt des Protestantismus und öffnete unseren Blick für die Auseinandersetzung zeitgenössischer Philosophen mit Religion und Glauben. Rolf Zerfaß griff als einer der ersten Pastoraltheologen die Gedanken meines Freundes Henri Nouwen in seinen Vorlesungen auf. Für ihn stand, wie das auch für Henri Nouwen galt, das *propter homines,* der Menschen wegen, im Mittelpunkt. An Theologen wie ihnen hätte Papst Franziskus Gefallen gefunden. Sein Bild von der Kirche als Feldlazarett, mit dem er die »hinausgehende Kirche« beschreibt, das »kein fest gemauertes Haus« ist, »wo man hingeht, um seine großen und kleinen Wunden versorgen zu lassen« (Franziskus 2016, 74), ist bei ihnen damals schon aktuell gewesen, und ich würde mich nicht wundern, wenn der Papst, dem die Veröffentlichungen von Anselm Grün vertraut sind, zumindest die von Henri Nouwen kennt und sich bei seinen Überlegungen davon inspirieren lässt.

Bei Rolf Zerfaß machte ich auch meine Homiletikausbildung. Im Rahmen dieser Ausbildung hielt ich eine erste Predigt in St. Benedikt, der früheren Klosterkirche der Münsterschwarzacher Benediktiner in Würzburg:

Kennen Sie Ephraim Kishon?

In einem seiner neuesten Werke berichtet Ephraim Kishon, der Meister der Satire, von den Schwierigkeiten, für die Reparatur eines tropfenden Wasserhahns einen Installateur zu finden. Der Wasserhahngeschädigte rennt dem Installateur Tag und Nacht die Tür ein, wird aber immer wieder vom Installateur mit tausend Ausreden auf den nächsten Tag vertröstet. Schließlich wird es ihm zu bunt. Er besorgt sich einen Revolver und zwingt den Installateur, in Handschellen gelegt, den tropfenden Wasserhahn zu reparieren.

Mit dieser Erzählung verknüpft Kishon die Frage: »*Was ist der Unterschied zwischen dem Installateur und dem Messias? Die Antwort lässt er die talmudischen Weisen geben:* »*Der Unterschied besteht darin, dass der Messias vielleicht noch in unseren Tagen kommt.*«

Gerade in diesen Tagen des Advents sind wir wieder ganz auf das Warten eingestellt. In den liturgischen Texten erleben wir nach, was jahrtausendelang – und für gläubige Juden bis heute – hochaktuell war und ist: das Warten auf den Messias. Wir Christen glauben, dass in Jesus Christus der Messias gekommen ist. Und trotzdem, auch wir warten. Geht man der Frage nach, auf was wir eigentlich warten, dann hilft uns gerade die gegenwärtige vorweihnachtliche Zeit und Atmosphäre, eine Antwort darauf zu finden.

Wir müssen von hier aus nur einige Schritte in die Innenstadt gehen und schon umgibt uns ein Lichtzauber, eine märchenhafte Aura von Glanz und Gold. Es würde eine ziemlich große Kraftanstrengung erfordern, wollten wir uns dieser Mischung von Sentimentalität und Kommerz entziehen. Aber in der Regel fühlen wir uns gar nicht unwohl dabei. Warum eigentlich?

Die Lichtsymbolik dieser Zeit – Kerze, Adventskranz, Weihnachtsbaum – hat einen anderen Sinn als zu Ostern. Dort geht es um den Sieg des Lichtes über die Finsternis. In diesen Tagen steht das »*Licht der Nacht*«*, das Zärtliche, Anheimelnde, Geborgenheit Schenkende des Lichtes im Mittelpunkt. Es geht also im Grunde genommen um die im Fest und Spiel vorweggenommene heile Welt, in der Gerechtigkeit und Liebe herrschen, eine Welt, die ganz hell geworden ist.*

Diese Sehnsucht ist notwendig. Sie steht uns zu. Es wird nur dann gefährlich, wenn das alles nicht mehr ist als ein Inszenieren von Stimmungen, ein Aufbauschen von Wunschdenken, ein Wust von Sentimentalitäten. Dann bleibt von alledem nach einigen Wochen nichts mehr übrig – wie bei einem aufgeblasenen Luftballon, der beim kleinsten Stich in sich zusammensackt.

Wie also können wir diese unsere Sehnsüchte und Wünsche mehr als nur im Spiel erfüllen? Der Text der Lesung kann uns dafür einige Anregungen geben. In diesem Text drückt sich Jesaja recht gewagt aus. Vor sich das verlassene und in Trümmern liegende Jerusalem sagt er seinen Zeitgenossen, die jahrelang vergeblich auf Hilfe gewartet hatten: »Das wird sich ändern hier. Diese Stadt wird wieder aufblühen. Man wird sie nicht mehr nennen ›Verlassene‹, sondern ›Gottes Lust‹.« *Mitten in einer unheilen Welt, in Hoffnungslosigkeit wagt da einer hinauszuschreien:* »Ich kann den Mund nicht halten, ich kann nicht akzeptieren, dass diese Stadt, Jerusalem, der Zion, wo Gott seine Wohnung genommen hat, wo er verehrt wird, weiterhin in diesem trostlosen Zustand bleibt.« *Wie unerhört solche Worte in einer Situation der totalen Katastrophe klingen, vermögen vor allem die Älteren unter Ihnen nachzuvollziehen, die das zerstörte Würzburg erlebt haben.*

Woher nimmt dieser Mann die Kühnheit, angesichts einer aussichtslosen Situation den Mund so voll zu nehmen, eine solche Erwartung auszusprechen? Er ist erfüllt von der Überzeugung: Es kann und es darf nicht sein, dass Gott uns in diesem Dreck stecken lässt, dass Gott uns in dieser Unzufriedenheit, in diesem Mangel belässt. Er ist nicht bereit, sich auf ein Irgendwann, ein Jenseits, vertrösten zu lassen.

Doch wie die Menschen damals, so würden wir heute die schmerzliche Erfahrung machen: So schnell geht das nicht. Nur, indem wir in der Erwartung auf eine heile Welt hin leben, ändert sich für uns, aus der Sicht der Erwartung heraus, die gegenwärtige Lage. Bruchstückhaft wird in der Erwartung, wird in den Erfahrungen auf dem Weg des Wartens das, was wir erwarten, wirklich. In dieser Spannung des »Jetzt schon, aber noch nicht ganz«, *erfüllt sich, bewegt*

sich unser Leben. Das heißt, wir können nicht wie eine Rakete him-
melhoch jauchzend zu Gott emporschießen, die unfertige Welt unter
uns lassend, wir dürfen uns nicht vom Märchenglanz und Lichtzau-
ber der vorweihnachtlichen Zeit blenden lassen, sondern wir müs-
sen uns total dieser Welt stellen, damit schon jetzt ein bisschen von
der erwünschten heilen Welt durchscheint, damit da mehr leuchtet
als nur Lichter. Aus dieser Spannung des »Jetzt schon, aber noch
nicht ganz« erwächst uns die notwendige Dynamik und Kraft, wie
das auch der Jesaja-Text zeigt: Noch liegt die Stadt in Trümmern,
noch ist sie verlassen – und dennoch: Die aus der Hoffnung genährte
Erwartung: diese Stadt wird wieder leben, lässt bereits ein Stück
Heil, Gerechtigkeit, neues Leben in die Stadt einziehen, schafft eine
Atmosphäre, in der das, was im Text Lust Gottes, also Lebensfreude,
genannt wird, Raum hat, sich entfalten kann.

Was heißt das für uns jetzt, hier, heute? Jetzt schon sind wir in
einer Situation, in der unsere Sehnsüchte nach einem Leben in einer
Welt der Gerechtigkeit und Liebe sich splitterhaft erfüllen, wenn
die Sehnsüchte festgemacht sind an etwas Stabilem, Überdauern-
dem, an Gott. Dieses Festmachen an Gott wird allerdings nur dann
fruchtbar, wenn aus diesem Wissen um einen Halt, aus der Erfah-
rung davon, Kräfte in uns frei werden, selber Hand anzulegen, mit
beizutragen zur Erfüllung.

Dann muss nach der Adventszeit, nach Weihnachten nicht die
Katerstimmung kommen. Dann war das alles nicht nur eine kurz-
lebige Luftballonfreude, sondern wird als eine im Fest und Spiel vor-
weggenommene heile Welt zum Stachel, weiterzuarbeiten auf diese
heile Welt hin – hier bei uns. Es war dann wie ein kräftiges Pusten
in die Asche – unseren grauen Alltag –, um ein schon erloschen ge-
glaubtes Feuer neu zum Lodern, zum Leuchten, zum Wärmen zu
bringen. Dann werden wir erfahren, dass der Messias – im Gegen-
satz zum Installateur – bereits in unseren Tagen gekommen ist und
immer wieder kommt.

Auflehnung

Ich engagierte mich während meiner Würzburger Studenten-
zeit auch in der Studentenpolitik und der katholischen Studentengemeinde, dort auch bei der Studentenzeitung *Image* der
Hochschulgemeinde, die sich sehr kritisch gab und es auch war.
Mit einem Beitrag über den damaligen Universitätspräsidenten
Professor Theodor Berchem, dem ich mit den Worten des Propheten Jesaja (28,9f):»Zawlazaw, zawlazaw, qualaquaw – hier
ein wenig, da ein wenig«, vorwarf, sich nicht angemessen um
die studentischen Belange zu kümmern, löste ich ein kleines
Erdbeben aus. Es führte dazu, dass Professor Berchem die Kontakte zur Katholischen Hochschulgemeinde zumindest zunächst
einmal einfror, nachdem der Studentenpfarrer Helmuth Schmitt
sich schützend hinter mich gestellt hatte. Da Theodor Berchem
zugleich Vertrauensdozent des Cusanuswerkes war, dem ich
angehörte, lud er mich von den jährlichen Begegnungen in
seinem Haus aus und beschwerte sich bei der Geschäftsstelle
des Cusanuswerkes über mich. Als man dort den von ihm mit-
geschickten Artikel las, mussten die Verantwortlichen des Cusanuswerkes – so wurde mir später berichtet – schallend lachen.
Professor Berchem und ich haben uns später wieder miteinander versöhnt. Der Artikel war, so würde ich heute sagen, sicher
etwas frech, aber nicht unfair, eben keine Hofberichterstattung,
sondern eine kritische Bilanz über das erste Amtsjahr des Uni-
präsidenten.

Ich war endlich aufgewacht. Aus dem zurückgezogenen, ange-
passten Jungen war ein junger Mann geworden, der kritisch,
vielleicht auch rebellisch geworden war. Ich glaube, manchmal
musste ich mich auch noch freikämpfen von so manchen alten
Geistern der Vergangenheit aus der Zeit der engen katholischen
Erziehung und Beeinflussung, sodass ich mich mehr, als es vielleicht nötig gewesen wäre, von manchen Dingen absetzte oder
mich gegen etwas aussprach. Zunehmend spürte ich aber auch
einen Widerwillen gegen Menschen, die meinten, mir vor-

schreiben zu müssen, was ich zu sagen, was ich zu denken, an was ich zu glauben habe, und sich dabei nicht scheuten, eine höhere Macht und Autorität für sich zu beanspruchen. Dieser Widerwillen ist bis heute so geblieben.

Mit der Schelle durch die Straßen

Während meines Studiums in Würzburg traf ich einmal Professor Josef Schreiner, Alttestamentler und für eine kurze Zeit auch Unipräsident, auf der Straße in Würzburg. Er kannte mich von meinen Veröffentlichungen in der Studentenzeitung. Er meinte, ich käme ihm vor wie ein alttestamentlicher Prophet, der mit der Schelle durch die Straßen ginge, um die Menschen aufzurütteln. Diese etwas scherzhafte Bemerkung finde ich interessant. Ich habe zwar ein ausgeprägtes Ego, weiß aber sehr wohl, dass ich kein Prophet bin. Ich weiß aber auch, dass ich nicht für offizielle Ämter tauge, in der Rolle eines Funktionärs untragbar bin. Ich war auch ein Leben lang nicht Mitglied einer Partei. Als ich als Unabhängiger ins Studentenparlament in Würzburg zog, war ich bei zwölf Parlamentariern, die den Linken, und zwölf Parlamentariern, die den Rechten angehörten, das Zünglein an der Waage. Den einen verhalf ich zum AStA, den anderen zum Parlamentspräsidenten. Das zwang mich, mich ausgiebig mit den Positionen und politischen Vorstellungen der Linken und der Rechten auseinanderzusetzen, mich mit ihnen zusammenzusetzen, ihnen zuzuhören, und zu versuchen, sie zu verstehen, um dann schließlich meine Entscheidungen zu treffen.

Der Alttestamentler Alfons Deissler, den ich bereits erwähnte, gehörte mit zu den Unterzeichnern der 1989 veröffentlichten sogenannten Kölner Erklärung »Wider die Entmündigung – für eine offene Katholizität«. Seine Unterstützung begründete er unter anderem damit, dass der Offenbarungsgott in den Propheten Männer und Frauen berufen hat, die unmittelbar in seinem Namen sprechen durften und mussten. Sie kritisierten nicht nur das »Laienvolk«, sondern auch dessen verantwortliche Führer, die Könige, die Minister, die Richter und vorab die Priester, deren Aufgabe es ist, die wesentliche Willensoffenbarung des Bundesgottes durchzusetzen und so ein »Bundesvolk nach dem Herzen Jahwes« zu fördern und zu gestalten. Was das heißt, so Alfons Deissler (1989), bringt der Prophet Micha (6,8) auf den Punkt, wenn er schreibt: »Es ist tief ergründet, o Mensch, was gut ist und (darum) Jahwe von dir erwartet: Nichts anderes als dies: Gerechtigkeit üben, den Bruder lieben und in Demut den Weg gehen mit deinem Gott.«

Dieses Wort ist für Alfons Deissler ein geradezu messianisches Schlüsselwort, um Jesus, sein Leben, seine Lehre und Welt zu verstehen. Seine Kirche hat in diesem Sinn »jesuanisch« zu sein. Sonst ist sie nicht »die Stadt auf dem Berg«, auf die alle Völker schauen können. Deshalb kann seiner Ansicht nach ein an den Propheten und an den neutestamentlichen Texten über das »Herrschen« geschultes Gewissen »gerade aus Liebe zur Kirche Jesu Christi nicht ewig schweigen, wenn ihr Bild, das beständig auf Jesus verweisen muss, in den Anliegen der Menschen, die heute so sehr auf ›Glasnost‹ und ›Perestroika‹ aus sind, getrübt oder gar unansehnlich wird« (Deissler 1989).

Ich bin kein Prophet, aber ich mag die alttestamentlichen Propheten, und es gab und gibt Situationen, da konnte ich und kann ich nicht anders, als meinen Mund aufzumachen, mich zu äußern, Stellung zu beziehen und auch Missstände anzuprangern. Ich kenne mich – so hoffe ich – gut genug, um nicht auch um meine Schattenseiten zu wissen, etwa die Seite, mich selbst durch meine Kritik in den Mittelpunkt rücken zu wollen, auf mich aufmerksam machen zu wollen, mich beachtet und veröffentlicht zu sehen. Diese Seite gibt es auch. Aber sie ist nicht alles. Ich kenne auch die innere Stimme, ich erlebe den Schmerz, die Empörung, manchmal auch die Wut, die mir keine andere Wahl lassen, als zu sagen, was zu sagen ist, sei es gelegen oder ungelegen.

Das hat mir viel Anerkennung, aber auch viel Ärger eingebracht. Vielen, so durfte ich erfahren, habe ich damit aus dem Herzen gesprochen, andere habe ich damit enttäuscht oder vor den Kopf gestoßen. Ein Theologe, der in der Bildungsarbeit tätig ist, meinte mir gegenüber einmal, als ich mich ihm vorgestellt hatte: »Ach, Sie sind der, der sich kritisch über die Kirche äußert, ohne dass ihm etwas passiert.« Nun, die Römer waren mir immer schon auf den Fersen, doch innerhalb Deutschlands habe ich auch Rückendeckung durch manche Bischöfe erfahren. Manche waren aber auch einfach froh, dass sie nicht für mich zuständig waren, und die es waren, bemühten sich, einen Weg zu finden, der Rom zufriedenstellte. Dabei half mir sicher, dass bei meiner Kritik immer auch mein Respekt gegenüber der Kirche deutlich, meine Liebe zu meiner Kirche spürbar wurde.

Seit Papst Franziskus hat sich hier Gott sei Dank viel verändert. Die Ära der Angst, die die letzten Jahrzehnte geprägt hat, ist zu Ende gegangen. Endlich dürfen die Christen sagen, was sie für richtig erachten, wovon sie überzeugt sind, ohne Angst haben zu müssen, dafür gemaßregelt zu werden. Ja, sie werden sogar vom Papst ermutigt, sich frei zu äußern – auch die Bischöfe, die sich in der Vergangenheit in der Regel nicht durch mutiges Auftreten hervorgetan haben. Das allein lässt einen schon einmal richtig durchatmen, spürt man doch wieder etwas vom Wehen des Heiligen Geistes, dessen Weisheit, Güte, Glut und Erleuchtung die Katholiken in den letzten Jahrzehnten so sehr in der Kirche vermissten.

Auf den Straßen von San Francisco

Während ich beim Urlaub mit meiner Frau in Tirol über mein Leben und meine Beziehung zur Kirche nachdenke – wir befinden uns im Jahr 2015 –, beendet unser Sohn Thomas gerade seine *Night Ministry* auf den Straßen von San Francisco. Zehn Wochen lang kümmerte er sich als Pastor in Ausbildung von 22.00 bis 2.00 Uhr in der Frühe um Obdachlose, Drogenabhängige und Prostituierte auf den dafür einschlägig bekannten Straßen San Franciscos. Wenn er in der Frühe von San Francisco nach Berkeley in sein Studentenwohnheim in der Le Conte Avenue heimkehrt, wo er zusammen mit seiner Frau Ellie lebt, sieht er auf der anderen Straßenseite das Studentenheim, in dem ich von 1979 bis 1982 gewohnt habe. Ich studierte in dieser Zeit an der *Graduate Theological Union* in Berkeley und war dort bei den Jesuiten eingeschrieben. Diese Zeit in Kalifornien war für mich mit einer Horizonterweiterung, auch was Kirche betrifft, verbunden.

Ich war fasziniert von den vielen Denominationen und Kirchen, auf die ich in der Bay Area um San Francisco traf. Ich liebte die Eucharistiefeier bei den Jesuiten im kleinen Kreis, die musikalisch und liturgisch ansprechend gestalteten Sonntagsgottesdienste in der Oakland Kathedrale, der Bischofskirche der Diözese Oakland, zu der auch Berkeley gehörte. Ich nutzte aber auch die Gelegenheit, am Sonntag in San Francisco die Gottesdienste anderer Denominationen zu besuchen, um dort mit den Menschen, die sich hier versammelten, Gottesdienst zu feiern. Dabei war es für mich selbstverständlich, an der ganzen Feier teilzunehmen, also mich nicht auszuschließen von der Mahlgemeinschaft, ganz abgesehen davon, dass niemand mich davon ausschloss. Das änderte nichts daran, dass ich mich als katholischen Christen verstand, der sich aber gerne durch das, was ich bei den anderen Denominationen und Kirchen erlebte, bereichern ließ.

Die Buntheit des Lebens und die Buntheit des Glaubens, die Vielfalt, mit und in der Gott sich uns mitteilt, wurde hier sichtbar. Bei allem Verständnis dafür, dass wir Christen uns bemühen um die Einheit im Glauben, diese Vielfalt in der Ausprägung des Glaubens ist doch auch Ausdruck einer Wahrheit, der Wahrheit, dass wir, wenn wir ehrlich sind, bei allem Bemühen nie die Wahrheit über Gott herausbekommen werden, wir immer nur stammelnd von und über Gott reden können. Entscheidend ist, dass wir uns gegenseitig respektieren in unserem Bemühen und dem Versuch, die Wahrheit zu finden, vor allem aber miteinander zu Gott, dem Unsagbaren, dem Geheimnis, zu Gott, der die Liebe ist, beten. Wir dürfen bei allem Tasten danach, was denn die Wahrheit ist, bei allem Bemühen zu beschreiben, was Gott ist oder nicht ist, eines nicht vergessen: dass er die Liebe ist und dass das, was wir von ihm sagen oder behaupten, das, was wir in seinem Namen tun, nur dann wirklich mit ihm zu tun hat, wenn es mit der Liebe in Einklang zu bringen ist.

Das aber ist doch schon viel, und wenn wir uns in der Kirche darauf konzentrieren würden, wären wir schon sehr weit bei unserer Wahrheitssuche. Da spricht mir Papst Franziskus (2016, 85) aus dem Herzen, wenn er sagt: »Die Barmherzigkeit ist wahr, sie ist das erste Attribut Gottes. Des Weiteren kann man theologische Überlegungen anstellen über die Lehre und die Barmherzigkeit, doch dürfen wir dabei nicht vergessen, dass die Barmherzigkeit die Lehre ist. Doch ich möchte darauf am liebsten sagen: Die Barmherzigkeit ist wahr.«

Mein Aufenthalt in Kalifornien hat mir auch noch mehr als bisher die Welt der Psychologie und Psychotherapie eröffnet. Mein Interesse galt hier vornehmlich der Schnittstelle zwischen Theologie und Psychologie, mit der sich die Pastoralpsychologie befasst. Dabei spielten auch die unterschiedlichen psychotherapeutischen Richtungen eine wichtige Rolle, die im Rahmen des *Pastoral Counseling*, der seelsorglichen Beratung, um die theologisch und spirituelle Dimension ergänzt angewandt wurden. Die intensive Beschäftigung mit der Welt der Psychologie und Psychotherapie, der *Human Growth Movement* und Personen wie Erich Fromm, Abraham Maslow, Eric Berne, Fritz Perls und später auch seine Frau Laura Perls, die ich persönlich kennenlernen durfte, hatte starke Auswirkungen auf meine Spiritualität. Wie oft dachte ich mir, wenn ich etwa in den Werken von Abraham Maslow las, das ist doch genau das, worum es in der christlichen Botschaft geht. Da werden fundamentale christliche Werte und Einstellungen wie Respekt, Barmherzigkeit, Liebe propagiert und ernst genommen.

Die Erfahrungen, die ich in der Gruppentherapie machen durfte, lassen sich in der Aussage eines Teilnehmers einer *Sharing Group,* an der ich auch teilnahm, zusammenfassen: »Das Wort wurde zu Fleisch.« Diese Erfahrungen haben mich geprägt und sensibel dafür gemacht, wie wichtig es ist, etwas existenziell zu erfahren. Das gilt vor allem auch für den religiösen und kirchlichen Bereich. Wie viele Worte werden da oft gebraucht, wie viele Theorien doziert, Regeln in Erinnerung gerufen, angemessene Verhaltensweisen angemahnt. Das alles mag auch irgendwo seinen Platz haben. Aber wenn es dabei bleibt, fehlt das Entscheidende.

Hier haben mir auch die persönlichen Begegnungen mit Carl Rogers, dem Begründer der Gesprächspsychotherapie, und Henri Nouwen geholfen, zu erkennen und zu würdigen, wie wichtig die Gefühle sind und das vor allem auch im religiösen und spirituellen Kontext. Beide lernte ich bei meinem Studienaufenthalt in Kalifornien kennen. Carl Rogers besuchte ich in La Jolla, kurz nachdem seine Frau gestorben war. Über eine Stunde lang unterhielten wir uns über die Verbindung von Psychotherapie und Spiritualität, über Kirche und Gott. Er selbst glaubte nicht an einen personalen Gott, meinte aber, wenn zwei Menschen sich lieben, könnte dabei so etwas wie Gott präsent sein.

Als ich Carl Rogers erzählte, ich habe vor, in Deutschland im kirchlichen Bereich Gruppentherapie im Sinne von *Encounter-Gruppen* anzubieten, meinte er, dass das für manche sicher nicht so einfach sei. Als Beispiel dafür nannte er einen Bischof, der sich sicher sehr schwertun würde, in einer solchen Gruppe von seinen Glaubenszweifeln oder seinen sexuellen Fantasien zu erzählen. Auch wenn Carl Rogers deutliche Vorbehalte gegenüber einer organisierten Religion äußerte, war er sehr offen für eine spirituelle Dimension. So berichtete er von Erfahrungen in der Therapie, bei denen er sich irgendwie in einem fast anderen Bewusstseinszustand befand, dass es ihm in einer solchen Situation vorkam, als berührten die Fühler seiner Seele die Seele des anderen, und in diesem Moment Heilung wie von selbst geschah.

Ich habe später solche *Encounter-Gruppen* durchgeführt, auch mit Menschen aus der Kirchenleitung, darunter auch Bischöfen. Sie konnten dort über alles sprechen. Ich glaube, es gibt nicht wenige Bischöfe, die vereinsamen, die niemanden haben, mit dem sie offen über alles reden können. Da gibt es den Bischof, dessen einzige Person, mit der er sich über alles unterhalten kann, der Physiotherapeut ist, den er regelmäßig aufsuchen muss. Immerhin, er hat jemanden, im Unterschied zu anderen, die, da es niemanden gibt, bei dem sie ihr Herz ausschütten können, sich durch Alkohol Erleichterung verschaffen. Ein Amt kann einen auch sehr einsam machen. Die wenigen Möglichkeiten, mit jemandem wirklich offen über alles, was einen belastet, sprechen zu können, führen oft dazu, dass man sich zurückzieht oder sich nicht wirklich mit sich auseinandersetzt. Hier ist es auch wichtig, die menschliche Situation von kirchlichen Funktionsträgern, unter ihnen die Bischöfe, zu sehen und zu würdigen. Auch sie sind nur Menschen, verlieben sich, ringen damit, ihre Sexualität entsprechend dem versprochenen Zölibat zu leben, ihre Homosexualität anzunehmen, mit ihren Alkoholproblemen zurechtzukommen. Sie benötigen die Unterstützung und Zuwendung nicht weniger als andere in vergleichbaren Situationen.

Unvergesslich sind mir aus meiner Studienzeit in Kalifornien die Besuche in Esalen und dem Kloster der Kamaldulenser in Big Sur. Esalen gilt als eines der wichtigsten Zentren für *Human Growth Movement*. Abraham Maslow, Carl Rogers, Fritz Perls haben hier gewirkt. Henry Miller wohnte in unmittelbarer Nachbarschaft. Etwa zehn Meilen südlich von Esalen befindet sich auf einem Berg das Kloster der Kamaldulenser *The New Camaldoli Hermitage*, das auch Thomas Merton und Henri Nouwen aufsuchten und in dem ich mich oft, auch für mehrere Tage, aufhielt. In Esalen und *The New Camaldoli Hermitage* spiegelt sich für mich die Synthese von Psychotherapie und Spiritu-

alität wider. Hier wird der Satz konkret, den ich oft zitiere: Du
hast mehr Möglichkeiten, als du ahnst, ganz zu schweigen von
den ungeahnten Möglichkeiten Gottes mit dir.

Keinen dieser beiden Plätze wollte ich missen. Hier die para-
diesische Umgebung, die Big Sur für Esalen abgibt, das Rau-
schen des Meeres, das Baden in den warmen Quellen um Mit-
ternacht mit einem einzigartigen Sternenhimmel über mir. Die
Workshops zu Themen, die Psychotherapie und Spiritualität
verbinden, darunter ein Kurs mit Professor Huston Smith, der
ein Standardwerk mit dem Titel *The World's Religions* über die
Religionen der Welt schrieb. Die spirituelle Atmosphäre des
Ortes, an dem christliche und fernöstliche Religionen Hand in
Hand gehen, ein indischer Guru ebenso willkommen ist wie
Bruder David Steindl-Rast, der, wie er mir mit 89 Jahren sagte,
noch einmal einen Workshop in Esalen anbieten wird.

Dann das Kloster der Kamaldulenser, in dem jeder der Brüder
ein kleines Haus bewohnt. Die Stille des Ortes, das Beten in aller
Frühe, während noch der Himmel von schweren Dunstwolken
verhangen ist. Das Alleinsein und dann doch nicht Alleinsein,
weil Er, Du, da bist. Spürbar. Ein Ort, an dem meine Seele ruhig
wird, da sie ruht in Dir, meinem Gott. Dort, wo ich einen großen Frieden tief in meinem Innern erfahren darf. Die gemein-
same Eucharistiefeier mit den Mönchen und Gästen. Wenige
Worte, konzentriert, ruhig. Ein Ort, an dem ich erfahren darf,
angekommen zu sein, und ich selbst jetzt, wo ich das schreibe,
eine große Sehnsucht nach diesem Ort verspüre und in Gedanken und mit meinem Herzen für eine Weile dort bin.

Die Herausforderung

Die Freiburger Zeit

Den Geist des Konzils ausbreiten helfen

Mein kirchlicher Dienst beginnt mit meiner Tätigkeit am Institut für Pastorale Bildung der Erzdiözese Freiburg. Dort arbeite ich in der Priesterfortbildung und als Leiter des Referates für Pastoralpsychologie und Praxisbegleitung, das eigens für mich geschaffen worden war. In Domkapitular Dr. Joseph Sauer hatte ich einen Chef, der ganz geprägt war vom II. Vatikanischen Konzil und für den es ein großes Anliegen war, die geistliche Dimension in seinem Leben und in seiner Arbeit durchscheinen zu lassen.

Zu meinen Aufgaben im Institut für Pastorale Bildung gehörte es, zusammen mit Werner Rück und Hugo Kuhaupt vom Theologisch-Pastoralen Institut in Mainz Kurse durchzuführen, die kirchliche Mitarbeiter und Mitarbeiterinnen befähigen sollten, anderen kirchlichen Mitarbeitern als Praxisbegleiter zur Seite zu stehen. Diese Kurse boten die Chance, die Erkenntnisse der Psychologie und die Erfahrungen aus der Psychotherapie für das persönliche und spirituelle Wachsen fruchtbar zu machen. Da und dort stieß ich im kirchlichen Kontext noch auf Vorbehalte gegenüber der Psychologie und dann auch der Psychotherapie. Manche kirchlich Verantwortliche sahen in der Psychologie und Psychotherapie eine Konkurrenz zu Theologie und Seelsorge, wenn nicht gar als deren Feinde, von denen eine Gefahr für die Kirche ausgehen könnte. Ich durfte bei diesen Kursen, die auch einen großen Wert auf die Selbsterfahrung legten, erfahren, wie sehr Spiritualität von Psychologie und Psychotherapie profitieren kann.

Diese Erfahrungen waren für mich wichtig und trugen dazu bei, dass ich mir immer mehr Gedanken darüber machte, wie diese Ressourcen – Spiritualität und Psychotherapie – noch mehr, noch intensiver, für die Kirche und die kirchlichen Mitarbeiter und Mitarbeiterinnen nutzbar gemacht werden könnten. In einem Brief aus dem Jahre 1987 an den damaligen Personalchef und späteren Bischof der Erzdiözese Freiburg, Dr. Robert Zollitsch, schrieb ich, dass wir nach meiner Einschätzung noch nicht alle Chancen genutzt haben, die es für die geistliche und psychologische Begleitung von kirchlichen Mitarbeitern gibt. Weiter schrieb ich:

»Ich denke dabei vor allem an die Priester und hauptamtlichen Mitarbeiter und Mitarbeiterinnen, die in einem größeren Ausmaß seelisch angeschlagen sind. Hier wäre es oft wichtig, dass die betreffenden Personen für einige Monate, sagen wir einmal für 6 bis 9 Monate, eine Betreuung oder eine Begleitung erfahren, die zugleich medizinisch, psychologisch und spirituell ausgerichtet ist. Ich habe in den Vereinigten Staaten eine Einrichtung kennengelernt, die sich ›House of Affirmation‹ nennt, die in dieser Richtung arbeitet und dabei so gute Erfahrungen macht, dass sie inzwischen auch von den amerikanischen Bischöfen unterstützt wird.«

Ich habe das Gefühl, dass etwas in dieser Richtung zunehmend wichtig wird für unsere Diözese, wenn man sich bei bestimmten Problemsituationen darauf beschränkt, jemandem eine Einzeltherapie zu vermitteln bzw. die Psychiatrie sich als letzte Möglichkeit anbietet. Damit möchte ich nichts gegen die Psychiatrie sagen, die in einzelnen Fällen ganz wichtig sein kann.

Diese Überlegungen entwickelten sich immer mehr zu einer Idee, die dann im Jahre 1991 zur Gründung des Recollectiohauses in der Abtei Münsterschwarzach führte.

Die Arbeit in der Erzdiözese bereitete mir zunächst Freude. Das hatte auch mit meinem Chef Dr. Joseph Sauer und meinen Mitarbeitern am Institut für Pastorale Bildung zu tun. Dort herrschte eine gute Atmosphäre, und wir überlegten miteinander, wie der Geist des II. Vatikanums mithilfe von Fortbildung und durch die Stärkung der Rolle kirchlicher Laienmitarbeiter sich in der Kirche von Freiburg ausbreiten kann.

Da ich auch für die Priesterfortbildung zuständig war, hatte ich zeitweise ein Büro im erzbischöflichen Ordinariat. Auch musste ich da und dort Texte schreiben, die dann unter dem Namen des Erzbischofs erschienen, und Berichte verfassen, darunter den sogenannten Bescheid, eine Art Zusammenfassung der jährlichen Frühjahrs- und Herbstkonferenzen, die in den Dekanaten durchgeführt wurden. Dabei merkte ich, wie sehr das Umfeld einen formt, das heißt konkret, ich sehr auf der Hut war, das, was ich formulierte, so zu schreiben, dass es konform war mit den Gedanken des Bischofs beziehungsweise den kirchlichen Vorstellungen.

Eine Atmosphäre der Angst

Wenn ich das erzbischöfliche Ordinariat betrat, hatte das für mich immer auch etwas Beklemmendes an sich. Ich hätte mir nicht vorstellen können, dort zu lachen oder ein Lied vor mich hin zu pfeifen. Der frühere Aachener Bischof Klaus Hemmerle, der aus Freiburg stammt, nannte diesen Bau einmal »neuromanisch« und auch Erzbischof Oskar Saier, der mich bei meinem Antrittsbesuch bei ihm durch das Haus führte, meinte, dass das Haus nicht sehr einladend wirke.

Michael Albus, der früher beim ZDF arbeitete, schrieb mir vor einigen Jahren: »Ich habe ja im vergangenen Jahr einen großen Film über das Freiburger Münster gedreht. Dabei habe ich – nach vielen Jahren – wieder einmal dieses Sudhaus Ordinariat und Umgebung kennengelernt. Es hat sich kaum etwas geändert. Das ist ein schrecklicher Ort, und ich erinnerte mich an Bernhard Weltes Satz, als ich mit ihm einmal während des Studiums am Ordinariat vorbei zum Schlossberg ging: ›Das sind die vereinigten Kalkbergwerke.‹ Heute meide ich diesen Ort wieder.«

Ganz so schrecklich habe ich es nicht erlebt. Dennoch – ich kann es nicht genau beschreiben – ging von diesem Haus etwas aus, was ich gefühlsmäßig mit einer klerikalen, sterilen, bürokratischen Kirche verbinde, sosehr ich einzelne Personen, die hier arbeiteten, schätzte. Ich erinnere mich auch noch, als Papst Johannes Paul II. sich sehr problematisch über die Gewissensfreiheit äußerte und man sich in kirchlichen Kreisen Sorgen machte, dass er hier Grundfreiheiten infrage stellen oder gar abschaffen möchte, wie wir uns in meinem Zimmer darüber unterhielten und wir plötzlich anfingen zu flüstern aus Angst, man könne uns hören und das, was wir denken, auf Missfallen stoßen.

Für mich ist das ein Beispiel dafür, dass es unter Papst Johannes Paul II. und auch Papst Benedikt XVI. diese Atmosphäre der Angst wirklich gab. Eine Angst, die tatsächlich an die Angst erinnert, die Menschen zum Beispiel in der ehemaligen DDR hatten, weil sie mit Sanktionen rechnen mussten, wenn sie Vorstellungen vertraten, die den offiziellen Verlautbarungen nicht entsprachen, oder gar sich ein Verhalten herausnahmen, das dem widersprach.

Die Gedanken sind frei

Ich war in den Siebzigerjahren oft als Student in der ehemaligen DDR gewesen, schmuggelte theologische Literatur über die Grenze, besuchte wiederholt die Studentengemeinde in Ilmenau und unterhielt mich mit meinen Bekannten über ihre Lage. Ich war fasziniert von der katakombenähnlichen Situation, die ich hier antraf, der Entschiedenheit, im Untergrund seinen Glauben zu leben, zu seinen Überzeugungen zu stehen und dafür auch persönliche und berufliche Nachteile in Kauf zu nehmen. Ich machte aber auch die Erfahrung, wozu das führt, wenn man ständig auf der Hut sein muss, ja nichts zu sagen, was einen in Schwierigkeiten bringen könnte. Und wie befreiend es manchmal war, wenn ich mit meinen Bekannten auf ihre Datsche fuhr, wir dort grillten und am späten Abend – wir wussten, niemand konnte uns hören – aus ganzer Seele das Lied sangen »Die Gedanken sind frei«.

Meine Rettung, so würde ich heute sagen, bestand damals im Schreiben. Da wenigstens, in meinen Büchern, so dachte und hoffte ich jedenfalls, will ich mir von niemandem reinreden lassen. Da will ich allein entscheiden, was ich sage und schreibe. Da will ich mir auch keine innere Zensur auferlegen. Ich habe es versucht, doch sehr bald gemerkt, dass das gar nicht so leicht war. Wenn ich es mir vornahm, wirklich ganz bei mir zu bleiben, waren sehr schnell die eingeübten Mechanismen präsent, die zur Vorsicht rieten und mich an das erinnerten, was man sagen beziehungsweise schreiben darf und was nicht. In dieser Zeit las ich mit großem Interesse das Buch *Auf verlorenem Posten* von Günther Gillessen, in dem er beschreibt, wie die Mitarbeiter der Frankfurter Zeitung im Dritten Reich sich der Waffe des leise ausgesprochenen Widerstands, des Zwischen-den-Zeilen-Schreibens bedienen mussten, um die Gleichschaltung der Presse zu überleben. Am Schluss blieb ihnen nur noch die Form eines Gedichtes, um über ein Gedicht die eigene Überzeugung zum Ausdruck zu bringen.

Bei Thomas Merton, dessen Bücher der kirchlichen Zensur unterzogen wurden, las ich einmal in einem Buch, wenn auf diesen Seiten irgendetwas steht, das nicht in Einklang zu bringen ist mit der Lehre der Kirche, dann soll das als von vorneherein gestrichen betrachtet werden. Bei meinem Buch über Empathie fügte ich in meinem Vorwort diesen Satz auch an. Als ich im Zusammenhang mit meiner Doktorarbeit Probleme mit Rom bekam und von mir Korrekturen für die nächste Auflage verlangt wurden, bat ich den Verlag, bei den nächsten Auflagen nicht auf die Neuauflage zu verweisen, um einer Überarbeitung zu entgehen. Ähnlich verfuhr ich zunächst auch bei dem Buch

Küssen ist beten, das ebenfalls von der Glaubenskongregation beanstandet wurde und bei dem von mir verlangt worden war, bei einer Neuauflage Änderungen vorzunehmen.

Ich musste jedenfalls recht bald feststellen, dass ich mit Widerstand rechnen musste, wenn ich tatsächlich das sage, das schreibe, von dem ich überzeugt bin. Das hat erst mit dem Pontifikat von Papst Franziskus ein Ende gefunden. Bis dahin musste ich auf vielfältige Weise den zum Teil rauen, lieb- und herzlosen Umgang erfahren, den die Römer, sprich der Vatikan, an den Tag zu legen pflegten, wenn jemand eine Meinung vertrat, die angeblich der wahren Lehre widerspricht oder sich in Spannung dazu befindet. Es ist wohl der Güte des jetzigen Papstes zu verdanken, dass manche der Drahtzieher von damals auch heute noch in Amt und Würden sind, sich jetzt aber natürlich nicht mehr so richtig erinnern können, wie sie sich noch vor Kurzem geäußert, verhalten, vor allem aber wie sie einer Atmosphäre der Angst, einer Praxis der Denunziation Vorschub geleistet haben.

Konflikte mit Rom

Kirche macht Angst

Vor einiger Zeit habe ich Ken Folletts Roman *Winter der Welt* gelesen. Darin schildert er auf eine sehr berührende, zum Teil aber auch aufwühlende Weise, wie es Menschen ergangen ist, die einem Terrorsystem ausgesetzt waren, in dem das Äußern von persönlichen Überzeugungen, die nicht mehr im Einklang zu bringen waren mit den gängigen Vorstellungen und Erwartungen, mit furchtbaren Sanktionen verbunden war, wie Erniedrigung, Haft, Tod. Ein solches Terrorsystem war zum Teil auch die katholische Kirche, wenn ich daran denke, wie viele Menschen auf dem Scheiterhaufen gelandet sind, wie viele

Frauen als Hexen verbrannt wurden. Man kann sich überhaupt nicht hineinversetzen in die Not, in die Qualen, die diese Menschen aushalten mussten. Ich kann mich nur schweigend vor diesen Menschen verbeugen, die zu dem gestanden haben, was im Tiefsten ihre Überzeugung war.

Dieses Terrorsystem gibt es in dieser Form – Gott sei Dank – nicht länger in der Kirche. Doch so manche Sanktionen in den vergangenen Jahrzehnten gegenüber Menschen, die sich in dem, was sie dachten, von dem sie überzeugt waren, nicht in Einklang befanden mit der sogenannten wahren Lehre, erinnern zumindest an diese Zeit. Da wurden zwar nicht länger Menschen auf dem Scheiterhaufen verbrannt. Aber es wurde ihnen unter anderem untersagt zu schreiben, sie wurden mit einem Schweigegebot bestraft, die Zulassung zu Universitätslehrstühlen wurde ihnen erschwert oder nicht ermöglicht. »Unbequeme Mitarbeiter und Mitarbeiterinnen in der Seelsorge, auch bewährte Pfarrer unter ihnen«, so in der Denkschrift Kölner Katholiken an Papst Franziskus, »wurden unter Druck gesetzt und/oder sanktioniert.«

In der Kirche herrschte für eine lange Zeit eine Atmosphäre der Angst, die dazu führte, dass Menschen, wie das in totalitären Systemen der Fall ist, nicht wagten, ihre wahre Überzeugung zu äußern, sich dafür einzusetzen. Das ist in sich schon furchtbar und untragbar. Furchtbarer wurde es noch dadurch, dass jene, die dazu beigetragen haben, dass diese Atmosphäre der Angst herrschte, ihre Schreckensherrschaft, wenn man das so formulieren möchte, damit begründeten, dass sie sich im Besitz der wahren Lehre befinden und es von daher richtig ist, alles zu unterdrücken und alles in Schranken zu halten, was anscheinend mit dieser wahren Lehre nicht in Einklang zu bringen ist. Sie haben dabei vergessen, dass die Liebe größer als alles ist und wer dagegen verstößt, *der* verstößt gegen die Orthopraxie, das jesusgerechte Verhalten, selbst wenn er angeblich im Namen der sogenannten wahren Lehre handelt.

Hier hat sich seit Papst Franziskus einiges verändert, wenn auch die alten Kräfte weiter wirken, ihr Einfluss längst noch nicht ganz eingedämmt ist. Die für mich wichtigste Botschaft, die von der Bischofssynode, die 2014 und 2015 in Rom stattfand, ausging, ist dennoch: In der katholischen Kirche geht die Ära der Angst, die die letzten Jahrzehnte geprägt hat, zu Ende. Endlich dürfen die Christen sagen, was sie für richtig erachten, wovon sie überzeugt sind, ohne Angst haben zu müssen, dafür gemaßregelt zu werden. Ja, sie werden vom Papst sogar dazu ermutigt, sich frei zu äußern, gerade auch die Bischöfe, die sich in der Vergangenheit in der Regel nicht durch mutiges Auftreten hervorgetan haben. Das allein lässt einen schon einmal richtig durchatmen, spürt man doch wieder etwas vom Wehen des Heiligen Geistes, dessen Weisheit, Güte, Glut und Erleuchtung die Katholiken in den letzten Jahrzehnten so sehr in der Kirche vermissten.

Weil das meine Kirche ist und ich will, dass sie meine Kirche bleibt, war es für mich immer wichtig und ist es mir heute noch wichtiger, dass ich das zur Sprache bringe, was ich für richtig und wichtig erachte, von dem ich überzeugt bin, und ich mich ohne Angst in dieser Kirche bewegen kann. Wollen wir, dass das unsere Kirche bleibt, bleibt uns nichts anderes übrig. Dann dürfen wir uns von niemandem davon abhalten lassen, auch nicht von einem Papst oder einem Bischof, das zu sagen, was wir als Wahrheit erkennen. Das können wir aber nur so lange tun, solange wir zu dieser Kirche gehören, uns zu ihr bekennen. Denn, so Antoine de Saint Exupéry: »Um auf ein Haus einwirken zu können, muss man vom Hause sein.«

Ihr seid zur Freiheit berufen

Im Galaterbrief wird uns zugesagt: Ihr seid zur Freiheit berufen. Doch wollen wir diese Freiheit auch wirklich wahrnehmen? Wenn wir genauer hinschauen, kommen wir auch mit der unangenehmen Seite von Freiheit in Berührung: der Angst, die die Freiheit im Kielwasser mit sich führt. Es ist die Angst, Verantwortung für unsere Entscheidungen und die Konsequenzen, die sich daraus ergeben, zu übernehmen. Die Angst vor der Freiheit kann daher manchmal so stark sein, dass wir das »man« der eigenen Individualität vorziehen und uns an das Vorgegebene anpassen, uns hinter dem anscheinend sicheren Schutzschild der Konformität verschanzen. Sie verleitet uns dazu, uns auf zu viele Kompromisse einzulassen, uns anderen unterzuordnen, uns aufzugeben, statt zu unserer Wirklichkeit und Wahrheit zu stehen.

Damit komme ich auf ein Kapitel in meinem Leben zu sprechen, das mich, seitdem ich im kirchlichen Dienst bin, begleitet und mein Verhältnis zur Kirche, hier vor allem der offiziellen katholischen Kirche, betrifft: Konflikte und Auseinandersetzungen mit Rom, konkret mit der Glaubenskongregation. Über diese Auseinandersetzungen habe ich Zugang gefunden zu Karl Rahner, Pierre Teilhard de Chardin und Thomas Merton, die für mich in diesen Zeiten wie Schutzengel waren, die mich begleiteten und bei denen ich Unterstützung und Trost gefunden habe. Am meisten verdanke ich aber meiner Frau, die in diesen Konflikten treu zu mir gestanden hat und mich dabei unterstützt, ja ermutigt hat, dem zu trauen und das zu tun, was ich vor mir und Gott verantworten kann und muss.

Bei diesen Konflikten spielte von Anfang an Joseph Ratzinger eine wichtige Rolle. Als ich an unserem Hochzeitstag im Radio die Nachricht hörte, Joseph Ratzinger sei zum Papst gewählt worden, hatte ich gemischte Gefühle. Zu Papst Johannes Paul II. hatte ich erst in den letzten Jahren seines Pontifikats einen emotional positiven Zugang gewinnen können, als er sich, schon sehr leidend, so leidenschaftlich gegen den Krieg im Irak aussprach. Sein Vorgehen gegen Hans Küng – ich unterstützte damals von den USA aus die Unterschriftenaktion, mit der dagegen protestiert wurde, und konnte auch Daniel Berrigan, der damals in Berkeley unterrichtete, dafür gewinnen – enttäuschte mich sehr. Auch seine Einstellung zur Frauenordination konnte ich nicht akzeptieren. Als nun bekannt wurde, dass Joseph Ratzinger zu seinem Nachfolger gewählt worden war, konnte ich das natürlich nicht losgelöst von meinen eigenen Erfahrungen mit ihm einordnen.

Zunächst kam bei mir gut an, als Papst Benedikt XVI. im Vorfeld des Weltjugendtages, der im August 2005 in Köln stattfand, verlautbaren ließ, dass die Botschaft der Kirche nicht aus Verboten bestehe, sondern im Zentrum der Botschaft die Liebe Gottes stehe. Das bekräftigte er auf eine beeindruckende und überzeugende Weise in seiner ersten Enzyklika *Deus caritas est – Gott ist die Liebe*, die mit den Worten aus dem 1. Johannesbrief (4,16) beginnt: »Gott ist die Liebe, und wer in der Liebe bleibt, bleibt in Gott, und Gott bleibt in ihm.« In diesen Worten, so heißt es darin weiter, »ist die Mitte des christlichen Glaubens, das christliche Gottesbild und auch das daraus folgende Bild des Menschen und seines Weges in einzigartiger Klarheit ausgesprochen« (Benedikt XVI., 2006, 7).

Ich bin Papst Benedikt XVI. das erste Mal im Jahre 1975 begegnet. Damals weilte er im Rahmen eines Israel-Aufenthaltes der Katholischen Akademie in München in Israel. Ich selbst studierte zu dieser Zeit an der Dormition Abbey in Jerusalem Theologie. Ich erinnere mich noch gut, wie er in Tabgha, dem Ort der Brotvermehrung am See Genezareth, aus dem Bus ausstieg und der damalige Professor und heutige Kardinal Müller, der Joseph Ratzinger von seiner Tätigkeit an der Universität in Regensburg kannte, mich ihm vorstellte. »Noch ein Müller«, meinte er. Später wollte ich ihm noch den sogenannten »Schweinestall«, einen zu einem einfachen Gästehaus umgebauten ehemaliger Schweinestall, vorstellen. Doch er wollte keinen Umweg machen und schloss sich der Gruppe an. Im Bus – ich begleitete die Gruppe einen Tag lang – saß er meist alleine und nahm kaum Kontakt zu den anderen auf. Als wir die unmittelbar neben der Brotvermehrungskirche liegende Primatskapelle besuchten, bat der Leiter der Studiengruppe Joseph Ratzinger, einige Worte zu sprechen. Ich weiß nicht mehr, was er sagte. Doch aus dem stillen, in sich gekehrten, etwas untersetzten Professor kamen Worte, die Aufmerksamkeit erregten. Wer hätte damals gedacht, dass dieser Mann dreißig Jahre später Nachfolger dieses Petrus werden sollte, dem an dieser Stelle der Tradition nach Jesus das »Du bist Petrus der Fels und auf diesem Fels will ich meine Kirche bauen« zugesprochen haben soll. Als wir im Rahmen der Besichtigungstour vor der Kirche in Kana anhielten, entdeckte ich vor unserem Reisebus einen Jungen, der für einen Schekel Blümchen verkaufte. Viele gingen achtlos an ihm vorbei. Joseph Ratzinger beugte sich zu dem Jungen hinab, holte seinen Geldbeutel aus der Tasche, gab ihm das gewünschte Geld, nahm sein Blümchen und steckte sie sich in das Knopfloch seines Anzugrevers.

»Ich habe alle Ihre Bücher gelesen«

Fast 30 Jahre später begegnete ich Joseph Ratzinger wieder. Diesmal im Gästehaus Santa Marta im Vatikan, in dem inzwischen Papst Franziskus wohnt. Ich war bereits einige Tage hier zu Gast, um an einer internationalen Konferenz über den sexuellen Missbrauch Minderjähriger durch Priester und Ordensleute teilzunehmen. Für einen Abend war ein Besuch von Kardinal Ratzinger angekündigt worden. Als es so weit war, versammelte man sich zum Abendessen im Speisesaal des Gästehauses. Plötzlich tauchte er auf. Kaum war er im Raum, entstand zunächst eine unnatürliche Atmosphäre. Es war nicht eigentlich er, der diese Atmosphäre verbreitete, wenngleich er auch von einer geheimnisvollen Aura umgeben war. Dazu trug auch seine Kleidung bei, nicht das für einen Kardinal übliche Gewand, sondern eine Art Kutte, wie Mönche sie tragen. Doch es war vor allem ich selbst, der aus seiner Anwesenheit etwas Besonderes machte. Dahinter standen so verschwommene Vorstellungen wie: Da kommt er, der mächtigste Mann des Vatikans. Der eigentliche Strippenzieher. Papst Johannes Paul II. war zu diesem Zeitpunkt bereits von Krankheit gezeichnet. Ich hatte große Mühe, mich gegen diese Stimmung zu wehren. Er kam eher locker auf mich zu und meinte, nachdem ich ihm kurz vorgestellt worden war: »Ich habe alle Ihre Bücher gelesen, aber jetzt treffen wir uns das erste Mal.«

Ich erinnerte ihn an unsere erste Begegnung vor fast 30 Jahren, als ich in Jerusalem studierte und ihn zusammen mit einer Gruppe einen Tag lang begleitete. Ich erwähnte die kleine Begebenheit, die mich damals beeindruckte, als er bei einem Aufenthalt in Kana von dem Jungen für einen Schekel ein Blümchen kaufte und es sich an sein Sakkorevers heftete. Nachdem ich ihm diese Begebenheit erzählt hatte, erinnerte er sich sofort daran und meinte, er habe dieses Blümchen eine lange Zeit in seinem Brevier aufbewahrt.

Beim Abendessen dreht sich das Gespräch um sexuellen Missbrauch, Homosexualität, aber auch darum, wann er seine Bücher schreibt und ob er dabei einen PC benutzt. Er benutze keinen, meint er, sondern schreibe alles mit der Hand. Er schließe es aber nicht aus, es noch zu lernen, wenn er einmal in Pension sei, fügt er schmunzelnd hinzu. Dazu wird er als Papst aber nicht mehr gekommen sein. Er hört gut zu. Ab und zu schaut er auf, schaut einem kurz in die Augen. Manchmal fällt er in das »Wir«, geht ganz nach innen, doziert in klaren, unangreifbar erscheinenden Worten die Lehre der Kirche. So, als es um das Thema Homosexualität geht.

In der Nacht nach dieser Begegnung träume ich vom Tod dieses Mächtigen. Ein solcher Traum lässt sehr viele Deutungen zu. Joseph Ratzinger hat in meinem Leben eine nicht unbedeutende Rolle gespielt. So, als er verschiedentlich wegen meiner Veröffentlichungen bei den für mich zuständigen Bischöfen intervenierte und mich dadurch auch in schwierige Situationen brachte. Die Begegnung mit ihm hat bei mir ein »Sterben« bewirkt. Es ist der mächtige Ratzinger *in mir* gestorben. Jener Ratzinger, für den der konkrete Joseph Ratzinger nichts kann. Ich bin einem sicher mächtigen Mann begegnet. Es war eine freundliche, keine herzliche Begegnung. Für mich kam diese Begegnung aber einer Versöhnung gleich. Ich habe mich versöhnt mit den Verletzungen, für die ich auch ihn verantwortlich machte. Ich habe mich damit einhergehend von etwas, einer Figur, einer Instanz in mir befreit, der ich Macht über mich gab. Das macht den Blick frei für den wirklichen Joseph Ratzinger, den ich respektiere und dem ich für die Begegnung danke. Das Blümchen von Kana verbindet uns irgendwie – bei aller Distanz.

Ich habe später im dritten Band der Erinnerungen von Hans Küng gelesen, wie Küng seine Begegnung mit Papst Benedikt XVI. und dessen Privatsekretär Georg Gänswein beschreibt. Ich konnte mich dabei des Eindrucks nicht erwehren, dass hier eine Freundlichkeit an den Tag gelegt wurde, die Hans Küng schmeichelte, die aber auch die Härte, Brutalität und Unbarmherzigkeit, die seitens des Vatikans gegenüber sogenannten Abweichlern an den Tag gelegt wurde, in Watte zu packen sich bemühte. Ich sehe vor mir den renommierten Moraltheologen Johannes Gründel kurz vor seinem Tod, wie er bei einer Veranstaltung der Eugen-Biser-Stiftung in München tief gekränkt und verletzt von den Methoden der Glaubensbehörde im Umgang mit Menschen, die ihr nicht geheuer waren und zu denen auch er zählte, berichtete. Ich weiß nicht, ob Joseph Ratzinger, der für mich ein integrer Mann ist, sich dessen bewusst war. Von der Verantwortung dafür kann er aber nicht freigesprochen werden.

Vor Gott und meinem Gewissen

Natürlich hatte Kardinal Ratzinger nicht alle meine Bücher gelesen, wie er bei unserer Begegnung im Vatikan meinte. Es ist bekannt, dass Joseph Ratzinger solche nicht ganz ernst gemeinte, aber irgendwie ja auch die Situation entspannende Anmerkungen macht. So auch, als er den Theologen Johann Baptist Metz, dessen Berufung als Professor nach München er verhindert hatte, bei einem Treffen mit den Worten begrüßte: »Werden Sie mich jetzt erschießen?« So habe ich seine Bemerkung mir gegenüber auch zunächst einmal verstanden. Das Heikle an seiner Bemerkung war freilich, dass er wohl einige meiner Bücher zumindest kannte, Bücher, die bei ihm Missfallen ausgelöst hatten. Das wusste er, und das wusste ich in diesem Augenblick. Seine Bemerkung zu meinen Büchern bezog sich daher auch auf *diese* Bücher.

Es begann nach meiner Doktorarbeit über das Thema *Homosexualität – eine Herausforderung für Theologie und Seelsorge*. Eines Tages – es war wohl im Jahre 1986 – bat mich mein damaliger Chef Domkapitular Dr. Joseph Sauer zu sich und eröffnete mir, dass die Glaubensbehörde in Rom, konkret Kardinal Joseph Ratzinger, in einem Schreiben an den Erzbischof von Freiburg, Dr. Oskar Saier, mitteilte, dass einige Aussagen meiner Doktorarbeit sich in Spannung zur Lehre der katholischen Kirche befänden.

Ich spürte bei meinem Chef eine große Sorge. Auch hatte die Intervention von Kardinal Ratzinger beim Erzbischof einige Unruhe ausgelöst. Ich konnte in diesem Augenblick nicht ermessen, was das für mich bedeutete. Ich war schockiert und doch auch irgendwie ganz ruhig. Dr. Sauer las mir den Brief von Kardinal Ratzinger an den Freiburger Erzbischof vor. Der Brief selbst wurde mir nicht ausgehändigt. In einem halben Satz würdigte Kardinal Ratzinger zunächst mein seelsorgliches Bemühen, um dann aber mit aller Deutlichkeit darauf hinzuweisen, dass einige Aussagen in meiner Doktorarbeit sich in Spannung zur Lehre der Kirche befinden. Unter dem Titel »Hinweis auf einige markante Aussagen im Werk von Wunibald Müller« wurden vier tatsächliche bzw. angenommene Aussagen und Thesen aufgelistet, zu denen ich Stellung beziehen sollte. Diese Thesen wurden mit Zitaten aus meinem Buch unterlegt, zum Teil unter Weglassung der Anführungszeichen oder Hinweise auf die Autoren, die erkennen lassen sollten, auf wen die entsprechenden Aussagen zurückzuführen sind.

Nach dem ersten Schock und einem Gespräch mit meiner Frau war mir klar, dass ich, was immer ich tue und wie immer ich reagiere, von meinem Gewissen her entscheiden werde. Ich schrieb in mein Tagebuch, dass ich mich zuerst vor Gott und meinem Gewissen und dann vor meiner Kirche verantworten muss.

Da ich nicht an der Universität lehrte und deswegen auch keine *venia legendi,* also Lehrerlaubnis benötigte, konnte man mir diese – wie in anderen Fällen geschehen – nicht entziehen. Die Bedeutung meiner Aufgabe im kirchlichen Dienst und der Einfluss, der sich daraus ergibt, erfordere es aber, so hieß es, dass sich meine theologischen Aussagen mit den Aussagen der katholischen Kirche decken. Im Klartext hieß das für mich, wenn ich mich nicht auf die ganze Angelegenheit einlasse, verliere ich meinen Arbeitsplatz. Das heißt, der Vatikan macht dem Bischof Druck, bis er im Sinne der Glaubensbehörde die Angelegenheit geregelt hat. Der Bischof gibt den Druck weiter – an mich – oder er ist selbst dran.

Sentire cum ecclesia

Nach dem Schreiben von Kardinal Ratzinger aus dem Jahr 1986 an den Freiburger Erzbischof Oskar Saier, der Eröffnung dieses Schreibens mir gegenüber und der gewünschten Stellungnahme meinerseits ist lange nichts geschehen. Der Erzbischof reagierte zunächst offensichtlich nicht darauf. Doch die Römer vergessen nichts. Inzwischen war eine Neuauflage meiner Doktorarbeit erschienen, ohne dass darin irgendwelche Änderungen vorgenommen worden waren. Die Glaubensbehörde griff das auf und wandte sich erneut an den Erzbischof. Daraufhin kam es zu einem Treffen zwischen dem Erzbischof Dr. Oskar Saier, Generalvikar Dr. Robert Schlund, Domkapitular Dr. Joseph Sauer und mir.

Von meinem Herzen her hätte ich gern die Anwesenden darum gebeten, zu Beginn miteinander ein *Vaterunser* zu beten, ließ es dann aber sein, vielleicht weil ich nicht den Mut dazu aufbrachte. Der Erzbischof hatte eigens seine bischöfliche Kleidung – violettes Zingulum und Pileolus – und sein Bischofskreuz angelegt, um den offiziellen Charakter des Vorgangs zu unterstreichen. Wir trafen uns in einem Sitzungssaal des erzbischöflichen Ordinariats in Freiburg, der von einem breiten Tisch beherrscht war. Der Erzbischof nahm auf der einen Seite, ich, vis-à-vis von ihm, auf der anderen Seite Platz. Weit weggerückt vom Erzbischof nahm auf seiner Seite Generalvikar Robert Schlund Platz, mein Chef Dr. Joseph Sauer auch weit entfernt von mir auf meiner Seite. Der Erzbischof informierte mich nochmals über die Situation. Ich erinnere mich nicht mehr genau daran, was er sagte. Jedenfalls erwähnte er auch, dass er nicht bezweifle, dass ich mich grundsätzlich im Konsens mit dem katholischen Glauben – er sprach von *sentire cum ecclesia* – befände. Die zunächst angespannte Atmosphäre lockerte sich, als ich darlegte, Interesse daran zu haben, dass wir *miteinander* die Angelegenheit klären. Das Ergebnis war, dass ich mithilfe eines Moraltheologen eine Stellungnahme abgebe, die meine umstrittenen Äußerungen zur Homosexualität klären sollten.

Bei diesem Gespräch mit dem Erzbischof redete der Generalvikar immer wieder dazwischen, was beim Erzbischof sichtbar auf Missfallen stieß. Kaum begann der Generalvikar zu sprechen, während der Bischof noch redete, hörte der Erzbischof sofort zu sprechen auf. Er wirkte dann verärgert, getraute sich aber nicht, dem Generalvikar zu bedeuten, dass er nicht möchte, dass dieser dazwischenredet. Der Generalvikar war älter und genoss den Ruf, das eigentliche Sagen zu haben. Einmal sagte der Generalvikar während des Gespräches, es käme darauf an, *wie* man etwas formuliere, welches Wort man benutze. Ich hörte heraus, dass man diplomatisch vorgehen müsse. Er selbst verhielt sich bei dieser Auseinandersetzung mit Rom, soweit ich es mitbekam, eher zurückhaltend, an einer Stelle aber leider auch feige. So kam mir ein Vermerk von ihm an den Bischof zu Gesicht, in dem es heißt, man solle die Glaubenskongregation darauf hinweisen, dass er darauf aufmerksam gemacht habe, dass es problematisch sei, meine Arbeit zu veröffentlichen. Tatsächlich hatte er aber, ohne mir gegenüber irgendeinen Vorbehalt zu äußern, die Veröffentlichung der Arbeit mit über 5.000 DM Zuschuss, die die Diözese für die Veröffentlichung von Doktorarbeiten ihrer Mitarbeiter gewährt, unterstützt.

Für mich war es ein Ziel, nichts von meinen grundsätzlichen Aussagen zurückzunehmen, gar etwas zu widerrufen. Ich erklärte mich bereit, mich ein Jahr lang nicht mehr schriftlich zum Thema Homosexualität zu äußern. Das führte unter anderem dazu, dass ich einer Anfrage des damaligen Chefredakteurs Manfred Plate von *Christ in der Gegenwart,* einen größeren Beitrag über Homosexualität zu verfassen, nicht nachkommen konnte. Der Freiburger Erzbischof führte schließlich in Rom ein Gespräch mit Kardinal Ratzinger, der ihn, wie mir mitgeteilt wurde, eine Stunde lang warten ließ, und brachte schließlich, so der Erzbischof gegenüber einem Mitarbeiter, die Kuh vom Eis. Dafür bin ich ihm über seinen Tod hinaus dankbar.

Der Geist der Inquisition

Damals erlebte ich Kardinal Ratzinger als Großinquisitor, der auf mir, meinen Überzeugungen, meinen Gefühlen herumtrampelte. Da gibt es jemand, ausgestattet mit Macht, der meinem Bischof schreibt: Was Ihr Mitarbeiter da sagt, befindet sich möglicherweise nicht mehr im Einklang mit der Lehre der katholischen Kirche, und ihn auffordert, die Dinge zu klären. Er schreibt nicht an mich. Später las ich in dem Buch *Salz der Erde*, in dem der Journalist Peter Seewald Joseph Ratzinger interviewt, er, Ratzinger, könne sich durchaus vorstellen, mit Bruder Joseph angesprochen zu werden, da wir ja als Christen so oft von Brüdern und Schwestern sprechen. Von einem Bruder Joseph war hier nichts zu spüren.

Ich finde es wichtig, diese Dynamik aufzuzeigen und nicht beschwichtigend darüber hinwegzugehen. Hier wirkte nach wie vor subtil der Geist der Inquisition. Es wirkte nicht nur der Geist, es sind auch noch ihre Methoden erkennbar: Einschüchterung, Ausübung von Macht, Bereitschaft und Entschiedenheit, der vermeintlichen Wahrheit zuliebe die berufliche Existenz eines anderen zu vernichten. Das ist die Schattenseite der Glaubensbehörde und derer, die in ihr Verantwortung tragen. Es wäre gut, sie würden damit in Berührung sein. Leider sind sie es vielfach nicht und ziehen es vor, darüber hinwegzusehen. Sie flüchten sich dabei in die Wahrheit, die absolute Wahrheit, die sie zu schützen haben. Leider sehen aber auch Außenstehende diese Schattenseite nicht und lassen sich blenden von der Außenseite, die sich in mit freundlichen Gesichtern überzeugend vorgetragenen Argumenten zeigt. Da aber bleibt zuweilen der Eindruck zurück, dass sich hier Wölfe im Schafspelz gerieren, die nur deshalb so freundlich sprechen können, weil sie zuvor tonnenweise Kreide gefressen haben.

In einer beeindruckenden Geschichte von Fjodor Michailowitsch Dostojewski küsst Jesus den Großinquisitor auf dessen blutleere Lippen, worauf ihn der Großinquisitor aus dem

Gefängnis entlässt und ihm zuruft, ja nicht wieder zurückzukommen.

Wir befinden uns heute in der Ära von Papst Franziskus und es hat zumindest den Eindruck, dass sich die Glaubenskongregation zurückhält oder ihr durch Franziskus der Zahn gezogen worden ist und inzwischen ihr auch Bischöfe, wie Kardinal Reinhard Marx, widersprechen. Mit Papst Franziskus ist Jesus zurückgekommen und mit ihm die Barmherzigkeit, für die gilt: Größer als alles aber ist die Liebe. Es wird sich zeigen, ob er und das, wofür er steht, eine Chance hat oder auch er wieder weggeschickt wird.

Küssen ist Beten

Was mich betrifft, so hat sich auch später die Glaubensbehörde bei den Diözesanbischöfen, die für mich zuständig waren, gemeldet, um bestimmte Aussagen von mir zu monieren bzw. zu beanstanden. Mein Beitrag im Lexikon für Theologie und Kirche über Homosexualität wurde dem damaligen Herausgeber Professor und Bischof Walter Kasper gegenüber von Kardinal Ratzinger beanstandet, was dieser aber zurückwies. Als ich mein Buch über Intimität veröffentlichte, meldete sich Kardinal Ratzinger wieder beim Freiburger Erzbischof, da ihm das eine oder andere darin missfiel.

Zuletzt meldete sich die Glaubenskongregation im Zusammenhang mit meinem Buch *Küssen ist beten. Sexualität als Quelle der Spiritualität*. In diesem Buch spielt die »Heilige Teresa in Ekstase«, beziehungsweise die von Bernini geschaffene Skulptur eine große Rolle, die ein englischer Kunstkritiker als das unpassendste Bildnis bezeichnet haben soll, das je in einer christlichen Kirche gestanden hat. Die Skulptur sei, so Dan Brown in seinem Buch *Illuminati*, meisterhaft, doch kaum etwas für den Vatikan, da sie Teresa in den Zuckungen eines heftigen Orgasmus zeige.

67

Wer diese Darstellung unvoreingenommen auf sich wirken lässt, wird nicht umhinkönnen zuzugeben, dass von ihr etwas Hocherotisches ausgeht, doch wer sie wie Brown auf eine rein sexuelle Erfahrung reduziert, hat weder Teresa noch Bernini verstanden. Sie stellt eine mystische Erfahrung der heiligen Teresa da, die diese in ihrer Autobiografie mit den Worten beschreibt: »Neben mir, an meiner linken Seite, sah ich einen Engel in lieblicher Gestalt … In seiner Hand trug er einen langen goldenen Pfeil, gefüllt mit Feuer. Er drückte mir denselben mehrere Male durchs Herz ganz tief in mich bis in die Eingeweide hinein. Als er ihn wieder herauszog, war ich wie weggerissen und ergriffen vor lauter Liebe zu Gott. Das alles verursachte mir einen so großen Schmerz, dass ich laut in Seufzen ausbrach. Doch zugleich empfand ich eine so gewaltige Süße, dass ich mir wünschte, sie möge niemals aufhören.«

Die »Heilige Teresa in Ekstase« ist für mich ein Beispiel dafür, dass Spiritualität und Sexualität keine Gegensätze darstellen, sondern sich gegenseitig bereichern. Das wollte ich und will ich bei diesem Buch deutlich machen. Aber ich hatte den Eindruck, dass mich die Römer genauso wenig verstanden, wie Dan Brown Teresa und Bernini verstand. Denn auch gegen dieses Buch erhob die Glaubenskongregation Einwände. Der Sekretär der Glaubensbehörde, Titularbischof Amato, schrieb an den amtierenden Bischof von Würzburg, Weihbischof Helmut Bauer: »Schon eine flüchtige Durchsicht zeigt die Problematik dieses Werkes. Der Autor möchte eine Spiritualität fördern, in welche die sexuelle Dimension des Menschen integriert ist. Er ignoriert aber gänzlich einige grundlegende Wahrheiten des Glaubens, die zu den Eckpfeilern jeder christlichen Spiritualität gehören, vor allem die Wahrheiten über die Erbsünde und ihre Folgen, über die Notwendigkeit der Erlösung und über die gebotene Ordnung der Leidenschaften durch die Vernunft und den Willen. Er stellt Heterosexualität, Homosexualität und Bisexualität faktisch auf dieselbe Stufe. Nie spricht er davon, dass allein die Ehe der Ort gelebter sexueller Begegnungen ist. Er behauptet, dass der Sexualität ›das Heilige‹ innewohnt, und zitiert positiv eine Erfahrung von Bede Griffiths, der schreibt: ›Für den Hindu ist Sexualität ganz wesentlich etwas Heiliges. Sie ist eine Manifestation göttlichen Lebens und muss wie jede andere Form der Gottheit angebetet werden ...‹ Allein diese Stelle genügt, um zu zeigen, dass sich die Aussagen des Autors nicht mehr auf christlichem Boden bewegen.«

Weil ich leitend im Recollectiohaus in Münsterschwarzach tätig sei und durch meine Veröffentlichungen im ganzen deutschen Sprachraum Einfluss habe, halte die Glaubenskongregation »ein entschiedenes Einschreiten für dringend geboten«. Weil verschiedene Diözesen, unter anderem auch die Erzdiözese Freiburg, für das genannte Therapiezentrum mitverantwortlich sind, wandte sich die Kongregation in dieser Angelegenheit auch an den Erzbischof von Freiburg, Dr. Robert Zollitsch.

In einem Schreiben von Erzbischof Robert Zollitsch an den damaligen Generalvikar der Diözese Würzburg, Dr. Karl Hillenbrand, heißt es, niemand, der mich kennt, zweifle an meiner Einstellung im Blick auf die katholische Ehelehre, aber auch er sei der Meinung, dass der Buchtitel falsch, zumindest missverständlich sei. »Küssen kann vieles sein und kann auch zum Ausdruck des Gebetes werden.« Er plädierte dafür zuzugeben, dass ich mich mit der Wahl dieses Titels – zwar wohlmeinend – vergaloppiert habe. Weiter meint er, auch wenn das Buch als positives Anliegen hat, Sexualität als Geschenk Gottes und eine mögliche Quelle für Spiritualität darzustellen, sei es eine Tatsache, dass die Frage der Erbsünde und ihrer Folgen nicht angesprochen wird. Auch bemängelt er, dass die Tatsache, dass Sexualität allzu oft auch die Quelle großen Leids und schrecklichen Unglücks ist, im Buch nicht angesprochen wird, ein Thema, das im Schreiben der Glaubenskongregation gar nicht erwähnt wird und bei dem ich wahrlich keines Nachhilfeunterrichtes bedarf, war ich doch im kirchlichen Bereich einer der Ersten, der auf die negative und brutale Seite der Sexualität im Zusammenhang mit dem Missbrauch Minderjähriger durch Priester aufmerksam machte. Weiter, so heißt es in dem Brief von Robert Zollitsch an Dr. Hillenbrand, stimme es, dass auf die Ehe als alleinigem Ort gelebter sexueller Begegnung in meinem Buch nicht hingewiesen werde. »Dies sollte man zugeben. Hier fehlt tatsächlich ein zentraler Punkt.«

Robert Zollitsch, den ich seit über 40 Jahren kenne, wollte mir sicher helfen. Doch ich spürte aus seiner Reaktion, auf welcher Seite er stand und wie er sich entscheiden würde, wenn es hart auf hart ginge. Ich war persönlich enttäuscht über ihn, was mich und ihn allerdings nicht davon abhält, dass wir wie in den vergangenen 40 Jahren jedes Jahr persönliche Weihnachtsgrüße miteinander austauschen.

Als der Generalvikar der Diözese Würzburg, Dr. Hillenbrand, mich aufsuchte, um mit mir, Pater Anselm Grün und Abt Fidelis zu besprechen, wie wir vorgehen sollten, bat ich darum, zuvor miteinander ein *Vaterunser* zu beten. Mir war es wichtig, unser Gespräch mit einem Gebet zu beginnen. Einmal, weil ich bewusst einen spirituellen Rahmen herstellen wollte *und* weil mir die Hilfe Gottes und dass geschehe, was sein Wille ist, wichtig war. Im Unterschied zu Erzbischof Dr. Robert Zollitsch konnte Generalvikar Dr. Karl Hillenbrand – er hatte das Buch, wie er mir sagte, zweimal gelesen – nichts finden, was gegen die Lehre der Kirche spräche. Er ermutigte mich daher, Erzbischof Amato in aller Deutlichkeit zu antworten. In einer ersten Stellungnahme, die ich später abänderte, schrieb ich unter anderem:

»Was das folgende Zitat von Bede Griffiths betrifft: ›Für den Hindu ist Sexualität ganz wesentlich etwas Heiliges. Sie ist eine Manifestation göttlichen Lebens und muss wie jede andere Form der Gottheit angebetet werden ...‹, weiß ich nicht, ob man ernsthaft glaubt, ich sei der Meinung, dass man die Sexualität anbeten muss. Das wäre ja nun wirklich absurd. Ich werde aber bei einer Neuauflage verdeutlichen, dass ich das damit natürlich nicht meine. Mir geht es darum, angesichts der Banalisierung, die die Sexualität in unserer westlichen Kultur erfährt, auf die in der Sexualität auch vorhandene Heiligkeit hinzuweisen. Dabei weiß ich sehr wohl – und ich gehe auch an entsprechender Stelle darauf ein –, dass es viele Formen von Sexualität gibt, die alles andere als heilig sind. So schreibe ich auf Seite 81: ›Dass die Sexualität an sich noch nicht heilig sein muss und es Erfahrungen von Sexualität gibt, die alles andere als heilig sind, ist dabei unbestritten.‹

Ich zweifle nicht an der echten Sorge der Kongregation für die Glaubenslehre in ihrem Bemühen um die Wahrheit. Man darf aber zur gleichen Zeit auch davon ausgehen, dass es mir nicht weniger um die Wahrheit der Lehre meiner Kirche geht, die mir sehr viel bedeutet und für die ich über viele Jahre, wie ich meine, in verantwortungsvoller Weise arbeite.

Ich lasse mich gerne konfrontieren, und bin da, wo ich den Eindruck habe und mir aufgezeigt wird, dass ich mich getäuscht habe, bereit, mich zu korrigieren. Allerdings sollte das auf eine faire und brüderliche Weise geschehen. Gegen das, was ich sage oder tue, muss man nicht ›einschreiten‹. Ich finde allein diesen Sprachgebrauch unangemessen. Auf mich kann man zugehen und mit mir kann man sprechen, wenn man der Meinung ist, dass ich etwas gesagt oder geschrieben habe, was man nicht gut oder nicht richtig findet. Es gibt neben der Orthodoxie auch eine Orthopraxie, die aber kann für einen Christen immer nur heißen, bei allem, was uns trennt und wo wir unterschiedliche Meinung haben, uns in Liebe und Respekt zu begegnen.«

Die Auseinandersetzung endete damit, dass in einem Schreiben von Erzbischof Angelo Amato dem Würzburger Bischof Friedhelm Hofmann mitgeteilt wurde, dass einige im Text des Buches gemachten Äußerungen geändert werden müssen. Weiter heißt es darin: »Zudem hat der Autor einen neuen, nicht missverständlichen Titel zu wählen. Sie werden daher gebeten, dafür Sorge zu tragen, sicherzustellen, dass Dr. Müller die irreführenden und zweideutigen Passagen im Text vor einer eventuellen Neuauflage unter Berücksichtigung der kirchlichen Lehre überarbeitet und präzisiert.«

Für mich ist das ein Beispiel dafür, wie innerkirchlich miteinander umgegangen wird oder kann man in der Ära Franziskus – hoffentlich – sagen, wurde? Es ist eine Weise des Umgangs, die es an Fairness und Respekt, vor allem an Liebe mangeln lässt. Diese bleiben bei solchen Interventionen oft auf der Strecke. Wenn aber im Namen der Wahrheit gegen die Liebe verstoßen wird, dann wird gegen die letzte Wahrheit, gegen Gott, der die Liebe schlechthin ist, verstoßen. Damals, als ich das Schreiben von Bischof Amato bekam, musste ich mich zurückhalten, ihn an seinen Namen zu erinnern. Amato, ein Wort aus dem Lateinischen, heißt ins Deutsche übersetzt: Du sollst lieben.

Als im Sommer 2012 der Vatikan sich kritisch äußerte über die US-amerikanischen Ordensfrauen, löste das unter den dortigen Ordensfrauen, aber auch unter großen Teilen der Gläubigen einen Aufschrei aus. Gerade jene, die es ernst nehmen mit der Liebe, die sich um die Armen kümmern, die sich für die Entrechteten einsetzen, müssen sich, so hieß es unter anderem, Vorhaltungen machen lassen von Männern, die mit ihnen nicht gesprochen haben und von denen vermutlich viele keine Ahnung davon haben, was es heißt, Gottes Menschenfreundlichkeit dort Wirklichkeit werden zu lassen, wo es dreckig ist und stinkt.

Wie gut wäre es da, gäbe es neben der Glaubenskongregation, der es unter anderem um die Einhaltung der Orthodoxie, also der wahren Lehre, geht, auch eine Institution in der Kirche, die darüber wacht, wie es in der Kirche um die Orthopraxie, hier verstanden als Erfüllung des Liebesgebotes – ist doch Gott selbst die Liebe! – steht. In einer gewissen Weise stehen die US-amerikanischen Ordensfrauen für die Orthopraxie. Gehen oder gingen wir in der Kirche geschwisterlich miteinander um, müssten sich die Ordensfrauen und alle, für die sie stehen, von denen, die in der Kirche für die Überwachung der Orthodoxie zuständig sind, herausfordern lassen, genauso müssten sich aber auch die, die für die Orthodoxie zuständig sind, sich von den Ordensfrauen herausfordern und hinterfragen und, wo nötig, sich auch korrigieren lassen.

Ich bin davon überzeugt, dass die Führungsschicht in der Kirche, vor allem die Bischöfe und die Verantwortlichen in der Diözesanleitung gut daran täten, sich *begleiten* zu lassen in Form von Einzelsuper- oder Gruppensupervision oder spiritueller und psychologischer Beratung. Von einzelnen kirchlichen Mitarbeitern in Führungspositionen, darunter auch Bischöfe, weiß ich, dass sie das auch tun. Dabei ist es allerdings wichtig, dass es sich dabei nicht nur um ein Coaching in dem Sinne handelt, wie man am besten Führung wahrnimmt, sondern auch um eine kritische Rückmeldung, bei der es möglich ist, auf blinde Flecken aufmerksam zu machen. Der frühere Abt von Münsterschwarzach, Fidelis Ruppert, meinte einmal, jemand, der andere führt und sich nicht begleiten lässt, handelt unverantwortlich. Wenn ich mir vergegenwärtige, wie viele Bischöfe zum Beispiel keine Begleitung wahrnehmen, dann wundert es mich nicht, wie sehr ihr Amt sie deformiert und sie nicht mehr das richtige Maß, was sich gehört und was nicht, finden. Sie glauben irgendwann tatsächlich, selbstverständlich Privilegien in Anspruch nehmen zu dürfen.

Von innen her »Ja« zur Kirche sagen

Mir ist bei diesen Auseinandersetzungen klar geworden: Ich muss, um von innen heraus Ja zu meiner Kirche sagen zu können, das benennen, was nicht schön ist an ihr. Ich muss das benennen, wo ich mich verletzt fühle, nicht verstanden fühle. Ich muss das zur Sprache bringen, wo ich – bei aller eigenen Unzulänglichkeit und Fehlerhaftigkeit – glaube, dass die Kirche sich schuldig macht, sich falsch verhält, ihre Vertreter sich ein Verhalten anmaßen, das ihnen nicht zusteht, ja, das im totalen Gegensatz zu ihrem Auftrag steht. Ich muss das tun, um dann –

wieder – die Stelle zu finden, die mich dennoch Ja sagen lässt zur Kirche, die mich von *meiner* Kirche sprechen lässt, zu der ich gehöre und zu der ich gerne gehöre.

Ich glaube an die *heilige* katholische Kirche und ich weiß um die irdische, allzu menschliche Kirche. Ich finde so manches an der kirchlichen Struktur fragwürdig, manche Verhaltensweisen ihrer vornehmsten Vertreter stoßen mich ab. Alles äußere Gehabe und Anspruchsdenken, das ich in der Kirche entdecke, lehne ich ab. Anders gesagt: die Kruste der Kirche, wie es Thomas Merton einmal sagte, die das, worum es eigentlich geht, umgibt. Der Container aber, so Richard Rohr in einem Gespräch mit mir über die Kirche, ist nicht das Entscheidende. Es ist der Inhalt. Dieser Inhalt aber ist die Botschaft von Gott und Jesus Christus. Das ist die Glut, das Magma. Es ist die Auseinandersetzung mit dem, was uns letztendlich angeht. Es ist der Glaube an Gott, der uns Menschen liebt, der für uns da ist, der uns nahe ist. Der die Liebe ist. Diese Botschaft kann ich, wenn auch oft entstellt, immer noch in der Kirche, in meiner Kirche, entdecken. Manchmal freilich muss ich in die Asche blasen, um das erloschen geglaubte Feuer dieser Botschaft neu zum Leuchten, zum Wärmen oder zum Lodern zu bringen.

Je älter ich werde, desto deutlicher wird mir, wie sehr im Zentrum unseres Glaubens die Liebe steht. Sie ist die Essenz unseres Glaubens. Ihr gilt es, wieder diese Vorrangstellung in unserem Glauben einzuräumen. Sie gilt es, in all dem theologischen Gewölk und kirchlichen Gehabe neu zu entdecken. Sie ist dort, oft verborgen und überfrachtet mit Nebensächlichkeiten, allzu Menschlichem, immer noch zu finden. Sie ist stärker als die vielen Verpackungen, in die sie eingewickelt und dabei versteckt und oft entstellt worden ist. Die Liebe ist stärker als das Machtgehabe, die zuweilen unerträgliche Selbstdarstellung kirchlicher Vertreter. Manche unter ihnen sind so blind, berufen sich auf ihre besondere Verbindung zu Christus und den Aposteln, fordern für sich eine Sonderstellung ein und merken nicht, wie sie die erste Qualifikation, die sie als Nachfolger der Apostel auszeichnen könnte, die Gottesliebe *und* die Nächstenliebe, dabei mit Füßen treten. »Hätte ich aber die Liebe nicht, wäre ich nichts« (1 Kor 13,2). Die Liebe ist stärker als ihre Unsensibilität im Umgang mit ihren Mitarbeitern, ihr autoritäres Verhalten, ihre fromm klingenden Worte, die mangels Überzeugungskraft und eben mangels Liebe, leere, hohl klingende Worte bleiben. Mit kaum überbietbarer Deutlichkeit formuliert Thomas Merton (1988, 235f.):

»Es ist klar, dass in jeder institutionellen Einrichtung es irgendeine sichtbare Autorität und irgendeine Form von Gesetz geben muss. Diese Autorität und dieses Gesetz müssen aber dadurch gerechtfertigt werden, dass sie, wie auch die Sakramente und der Sabbat propter homines da sind. Sie dürfen nur dazu dienen, das Klima der Barmherzigkeit, die lebensspendende Vergebung und Versöhnung, zu schützen und zu bewahren. Daher ist es Missbrauch, wenn Autorität und Macht Selbstzweck werden, dem das Wohl der Menschen untergeordnet wird; wenn, mit anderen Worten, zugelassen wird, dass Seelen, für die Christus gestorben ist, zerstört werden, nur damit die Macht unangetastet bleiben kann.«

Klerikalismus

Klerikales Verhalten

Bei meiner Arbeit im Dienst der Kirche und da auch vor allem mit kirchlichen Mitarbeitern und Mitarbeiterinnen wurde mir zunehmend bewusst, wie negativ das klerikale System und ein daraus resultierendes entsprechendes Verhalten in der Kirche sich auf die kirchlichen Mitarbeiter auswirkt. Bei einem klerikalen Verhalten besteht ein Gefälle in der Beziehung. Da gibt es »die da oben« und »die da unten«. Eine echte Beziehung ist nicht möglich. »Die da oben« halten sich für etwas Besonderes.

Ihnen wird eine Sonderrolle zugestanden, oft mit dem Ergebnis, dass die Betreffenden ein Anspruchsdenken an den Tag legen, das dazu führt, dass ihnen Privilegien zugestanden werden, die sie nicht nur von den anderen unterscheiden, sondern auch von ihnen abheben. Ihnen wird zugestanden, dass das, was sie tun, undurchsichtig bleibt, Entscheidungsvorgänge unter sich und seinesgleichen ausgehandelt werden und ihre Unverbindlichkeit toleriert wird.

Vor allem aber fehlt es beim klerikalen Verhalten an der Liebe, die von der Ideologie, der absoluten Wahrheit, die höher eingeschätzt wird als die Liebe, abgelöst wird. Das Verfolgen dessen, was anscheinend oder angeblich wichtig ist, erlaubt es, gegen die Liebe zu verstoßen. Dabei scheut man sich nicht davor, im religiösen Kontext sein liebloses Verhalten spirituell zu überhöhen oder spirituell zu kaschieren. Die herausgehobene Position wird dazu gebraucht und missbraucht, der Durchsetzung der Wahrheit, der »heiligen Sache«, Nachdruck zu verleihen.

Dieses klerikale Verhalten zeigt sich manchmal ganz offensichtlich bei Sanktionen wie Redeverbot oder dem Entzug der venia legendi, also der Lehrbefugnis. Manchmal kommt es auf subtilere Weise zum Ausdruck, wenngleich man auch hier sich nichts vormachen darf und deutlich von klerikalem Verhalten sprechen muss, mögen auch nach außen hin theologische, vom Lehramt her abgeleitete Begründungen angeführt werden.

Wenn zum Beispiel der Bischof von Würzburg, Dr. Friedhelm Hofmann, untersagt, dass der geistliche Schriftsteller Pierre Stutz im lokalen Kirchenfunk über das Thema »Mystik und Psalmen« sprechen darf, weil er sein Priesteramt niedergelegt hat und sich zu seiner Homosexualität bekannt, ist das für mich ein klerikales Verhalten, bei dem von oben herab, ohne Gespräch mit Pierre Stutz, ohne auf seinen Brief an den Bischof zu reagieren, Macht ausgeübt wird.

Ich hatte damals eine Stellungnahme vorbereitet, die ich aber nach Rücksprache mit dem Team im Recollectiohaus und mit Rücksicht auf das Recollectiohaus nicht veröffentlichte. Auch das ist natürlich ein Beispiel dafür, wie sehr ein klerikales System dazu beiträgt, dass man sich nicht getraut, den Mund aufzumachen, und nicht benennt, was eigentlich der Wahrheit und der Liebe wegen benannt werden müsste. In meiner vorbereiteten Stellungnahme schrieb ich damals:

»Ich fühle mich solidarisch verbunden mit Pierre Stutz, dessen Geradlinigkeit, spirituelle Tiefe und schriftstellerisches Werk ich schätze. Ich bedaure die Entscheidung des Würzburger Bischofs und bin persönlich enttäuscht über ihn. Gerade von ihm, an dem ich sein Charisma, auf andere Menschen zugehen zu können, so sehr schätze, hätte ich erwartet, dass er vor einer solchen Maßnahme brüderlich auf Pierre Stutz zugegangen wäre. Ich kann verstehen, dass der Bischof deutlich macht, dass jemand, der sich dazu bekennt, dass er seine Homosexualität lebt, sich nicht in Einklang befindet mit der Lehre der Kirche. Ich kann aber nicht verstehen, dass der Betreffende seine spirituellen Einsichten und sein theologisches Wissen nicht über den Kirchenfunk verbreiten darf. Die Folge davon ist doch, dass jeder, der sich öffentlich zu seiner Homosexualität bekennt – zum Beispiel Politiker, Schriftsteller, Künstler –, im Kirchenfunk nicht über sein Schaffen berichten darf. Ich hoffe und bete darum, dass die Weisheit und die Weite, die in der Ära von Bischof Paul-Werner Scheele die Seelsorge und das kirchliche Klima in der Diözese Würzburg geprägt haben, weiterhin für die Seelsorge und die kirchliche Politik in unserer Würzburger Diözese bestimmend sein werden und bei uns im Frankenland keine Kölner Verhältnisse um sich greifen.«

Später wollte mich der Würzburger Bischof von einer Veranstaltung für kirchliche Mitarbeiter zum Thema sexueller Missbrauch ausladen lassen, weil ich mich im Vorfeld für die Abschaffung des Pflichtzölibats und die Zulassung von Frauen zum Priesteramt ausgesprochen hatte. Auf Anraten des damaligen Generalvikars Dr. Karl Hillenbrand nahm er aber Abstand von dieser Haltung. Später traf ich den Bischof zusammen mit Abt Michael von der Abtei Münsterschwarzach in seinem Bischofshaus, um über meine Äußerungen und Forderungen zu sprechen. Das war ein gutes Gespräch auf Augenhöhe und für mich ein Beispiel dafür, wie man auch miteinander umgehen kann oder besser noch miteinander umgehen sollte.

»Der Klerikalismus dürfte mit dem Christentum nichts zu tun haben«

Papst Franziskus meinte in einem Interview mit Eugenio Scalfari, dass er ein entschiedener Kirchengegner werde, wenn er einem Klerikalen gegenüberstehe. Der Klerikalismus dürfte mit dem Christentum nichts zu tun haben. Ich kann Papst Franziskus nur beipflichten. Wenn ich über meine Erfahrungen in der Kirche nachdenke, dann zählt der Klerikalismus zu den Erscheinungsformen, die für mich zu den erschreckendsten und abstoßendsten Erfahrungen im Zusammenhang mit Kirche zählen. Der Missbrauch von geistlicher Vollmacht, von Vorrangstellung, aber auch von konkreter Macht und konkretem Einfluss, die mit dem Klerikalismus einhergehen können, haben zu einem Bild von Kirche beigetragen, das verheerende Auswirkungen für die Kirche hatte und hat. Der Missbrauchsskandal, der vor allem in Nordamerika und Westeuropa, aber auch darüber hinaus zu einer Erschütterung der katholischen Kirche beigetragen hat, die bis heute nachwirkt, hat aus meiner Sicht die Gefahren, die sich aus einer Sonderstellung der Geistlichkeit ergeben können, unübersehbar gemacht, auch wenn das manche immer noch nicht wahrhaben wollen.

Die Kirche selbst tut sich den besten Gefallen, wenn sie sich immer mehr von einem klerikalen Weltbild und klerikalem Gehabe löst, das die Gefahr mit sich bringt, irgendwann zu glauben, dass man eben doch etwas Besseres sei, heiliger sei als andere und damit einhergehend Verhaltensweisen an den Tag legen kann, die im offenen Gegensatz stehen zu Bescheidenheit,

Liebe, Demut, alles Tugenden, die die Kirche auf ihre Fahnen geschrieben hat.

Es gilt, das Gift des Klerikalismus, das in den vergangenen Jahrhunderten in unsere Kirche eingesickert ist und sich wie ein Krebsgeschwür ausgebreitet hat, zu entdecken und zunehmend die Kirche von diesem Klerikalismus zu befreien. Das heißt nicht, dass wir nicht länger Ja sagen zum Papst, zu Bischöfen, zu Priestern, zur Weihevollmacht usw. Sie gehören natürlich und selbstverständlich zur Kirche. Nichts verloren haben aber in der Kirche Privilegien, Sonderbehandlungen, Anspruchsdenken, klerikales Gehabe, bei dem geistliche Vollmacht missbraucht wird, um Macht und Kontrolle über andere auszuüben. Die selbstverständlichsten Verhaltensweisen wie respektvoller Umgang miteinander werden dann außer Acht gelassen, die Transparenz von Entscheidungen wird als nicht notwendig erachtet. Der echte Dialog, der verlangt, wirklich hinzuhören und dafür offen zu sein, die eigene Position durch den jeweilig anderen bereichern zu lassen, wird als überflüssig betrachtet, vor allem aber wird die ständig im Mund geführte Liebe mit Füßen getreten.

Der ehemalige SPD-Fraktionschef Frank-Walter Steinmeier, jetzt Außenminister, meinte in der Frankfurter Allgemeinen Sonntagszeitung (2011, 52):»Die Gewöhnung an Macht birgt ohne Zweifel Risiken.« Sie könne »blind machen und dafür sorgen, dass Einzelne, die lange in hohen Positionen sind, den Boden unter den Füßen verlieren, glauben, über dem Recht zu stehen«. Was hier Frank-Walter Steinmeier sagt, besteht als Gefahr genauso für kirchliche Repräsentanten, die einer solchen Gefährdung nicht weniger ausgesetzt sind als Politiker. Da den Klerikern innerhalb ihrer Religion oder Kirche im Vergleich zu den Laien mehr Bedeutung eingeräumt wird, sind sie in besonderer Weise auch dafür anfällig, ihre herausragende Rolle zu missbrauchen.

Bei den kirchlichen Repräsentanten besteht darüber hinaus die Gefahr und die Tendenz, solche Gefährdungen und Verhaltensweisen spirituell zu verbrämen, mit dem Ergebnis, dass sie sich zunehmend daran gewöhnen und es auch anderen schwer machen, sie an dieser Stelle zu kritisieren und zu hinterfragen. Sie selbst verlieren mit der Zeit den kritischen Blick gegenüber sich selbst, glauben sie doch irgendwann selbst, dass sie als Nachfolger der Apostel das Recht haben, privilegisiert behandelt zu werden und über andere bestimmen zu können.

Das kann zu Deformationen des Amtes, des persönlichen Lebensstils und der Person selbst führen, die zum Schaden der Betreffenden, vor allem aber zum Schaden derer beitragen, für die sie da sein sollten. Ihr Verhalten lässt andere auf Abstand zu ihnen gehen, sie selbst verstärken dadurch ihre Isolation.

Sie wohnen privilegiert, fahren selbstverständlich einen Spitzenklassewagen, natürlich mit Chauffeur, scheuen keine Kosten, schnell dahin und dorthin zu fliegen, um einen Termin wahrzunehmen – sie sind ja so wichtig. Sie haben kein Gespür mehr dafür, wie weit sie sich entfernt haben von ihren Idealen, von den Menschen, die ihr Brot hart verdienen müssen, geschweige denn den Brüdern und Schwestern, von denen sie so gerne reden, die in Afrika oder gar im eigenen Land ein menschenunwürdiges Leben führen müssen. Es handelt sich bei ihnen nicht um schlechte, gewissenlose Menschen. Sie setzen sich ein. Auch für die große Sache. Doch ihr privilegierter Status hat sie mit der Zeit blind und unsensibel gemacht. Die Berichte über den sogenannten Protz-Bischof von Limburg gingen um die ganze Welt. Sein Verhalten war besonders auffällig. Doch er ist kein Einzelfall.

Andere, die ihren besonderen klerikalen Status hervorheben, glauben, die Weisheit mit dem Löffel gefressen zu haben. Sie pochen auf die reine Lehre. Sie sind felsenfest davon überzeugt, im Besitz der wahren Lehre zu sein. Ihr Blick, ihre Sensibilität für andere Kriterien und Bereiche sind dadurch verstellt. Sie pervertieren dadurch die Lehre, die ja eine Bedeutung hat. Sie verhindern, dass die Lehre ins wirkliche Leben übergeht, dort relevant wird. Sie übersehen die Buntheit des Lebens und sind so sehr in ihrem Dogmatismus gefangen, dass sie nicht einmal merken, wie sie am Leben vorbeiargumentieren, vor allem aber, wie wenig sie selbst wirklich leben, Leben in seiner Fülle erfahren. Gerade das aber dürfte oft unbewusst der Grund dafür sein, dass sie jenen, die leben, das nicht gönnen, weil sie es selbst nicht an Leib und Seele erfahren, und dadurch umso fanatischer kompromisslos die Einhaltung der angenommenen reinen Lehre einfordern.

Wieder andere leiden an einer grandiosen oder inflationären Selbstüberschätzung. Da glaubt jemand, eine besondere Berufung zu haben, ein besonderes kirchliches Amt innezuhaben. Ich bin ein Nachfolger des Apostels, mag er sich sagen und vergessen, dass das vor allem heißt, Gott und den Menschen zu *dienen*. Weit gefehlt: Als Nachfolger des Apostels muss man mir mit besonderem Respekt und besonderer Hochachtung begegnen. Was ich sage, ist von höchster Bedeutung, was ich verlange, ohne Widerrede auszuführen. Kritik am Verhalten eines Nachfolgers des Apostels – ja, wo kommen wir da hin. Das kommt einer Majestätsbeleidigung gleich. Wer es dennoch wagt, wird meine Macht und meinen Einfluss zu spüren bekommen. Er verstößt gegen göttliches Recht. Hier geht es nicht mehr um meine Person, hier geht es um das Amt, das mir vom Herrn selbst verliehen wurde.

Da ist der Bischof, der von seinen Priestern damit konfrontiert wird, er würde es am Dialog mangeln lassen, in seiner Diözese herrsche eine Atmosphäre der Angst. Was tut er? Er lässt durch seine Pressesprecher verkünden, dass es in dieser Diözese noch nie so viel Dialog gegeben hätte wie unter ihm. Es herrsche keine Atmosphäre der Angst. Er lässt all die Kritik, die er als ungehörige Majestätsbeleidigung einstuft, einfach an sich abprallen. Er ist nicht in der Lage, unterscheiden zu können zwischen dem Amt und seiner Person, die sich sehr wohl menschlich verhalten und Fehler machen kann. Er bestätigt durch sein Verhalten, wie sehr er sich einem klerikalen Denken und Gehabe verpflichtet fühlt. Man rennt bei ihm gegen eine Wand an. Er entzieht sich der Kritik, indem er sich letztlich für sakrosankt erklärt. Er ist nicht bereit, seine Schattenseite anzuschauen, geschweige denn, dass er sein Verhalten als etwas betrachtet, das mit Schatten in Zusammenhang zu bringen ist.

Das erinnert mich an den ehemaligen US-amerikanischen Präsidenten Richard Nixon, der, konfrontiert mit seinen Tonbändern, in denen er unmögliche Dinge über andere gesagt hat, sich dieser Wahrheit nicht stellen wollte, indem er zunächst behauptete, das kann gar nicht sein, dass ein amerikanischer Präsident so etwas sagt. Aber es war so und es ist so. So wie es auch Bischöfe gibt, die nicht bereit sind zum Dialog, die auch nicht in der Lage sind dazu, die das auch nicht für notwendig erachten, die glauben, sich über andere erheben zu können, eine ganz besondere Beziehung zum Heiligen Geist zu haben, und dabei vergessen, dass der Heilige Geist ihnen, aber auch den andern zugesagt worden ist.

Auch wenn ich ein besonderes Amt innehabe, bin ich nicht ohne Fehler, muss man mich kritisieren dürfen, bleibe ich Mensch und unvollkommen. Ich darf mich nicht hinter der Annahme, etwas Besonderes zu sein, verstecken. Ich darf meine eigene Unzulänglichkeit, meine Unfähigkeit, mich der Kritik zu stellen, offen mit anderen in eine Kommunikation zu treten, mich hinterfragen zu lassen, nicht mit dem Amt kaschieren. Ich tue mir damit selbst keinen Gefallen und ich werde denen, für die ich da bin, damit nicht gerecht.

Schließlich gibt es jene, die glauben, jetzt schon heilig zu sein. Es gibt Menschen, die eine Ausstrahlung haben, die bei einem den Eindruck hinterlässt, das sind heilige Menschen. Dabei handelt es sich aber in der Regel um bescheidene Menschen, die nichts aus sich machen und die selbst niemals von sich behaupten würden, heilig zu sein. Manchen Gurus oder kirchlichen Führern wird das »heilig« zugesprochen, unabhängig davon, ob sie das auch für sich selbst beanspruchen oder nicht. Manchen wird es vielleicht so lange »unterstellt«, bis sie es selbst glauben. Spätestens dann sind sie vermutlich nicht mehr (sollten sie es jemals vorher gewesen sein) heilig.

Gegen sie ist es mit am schwersten anzukommen. Wer will schon gegen Heiligkeit angehen? Es ist traurig, aber hier wird das wirklich Heilige mit Füßen getreten. In seiner schwächeren Ausprägung zeigt sich das sogenannte Heilige in einer zuweilen kaum aushaltbaren Sterilität. Da ist dann alles eingehüllt in Weihrauch. Da gibt es keine Leidenschaft, keinen Eros mehr. Da ist alles blutlos und leblos. Da erstarrt das Leben im Ritual.

Der neu ernannte Weihbischof redet plötzlich nicht mehr normal mit seinen Weihekollegen. Er legt jetzt jedes Wort auf die Goldwaage, ist bemüht, was er sagt, so zu formulieren, dass es einem Nachfolger der Apostel gemäß ist. Der allseits gefeierte Prediger weiß mit der Zeit nicht mehr, wie das geht, ganz normal zu sprechen, so salbungsvoll, künstlich und überzogen, wie er zu predigen pflegt. Zwischen ihm als Person und seinem Amt ist mit der Zeit eine Fettschicht herangewachsen, die verhindert, dass er mit sich selbst in Berührung kommt. Längst sind es nicht mehr *seine* Worte, die er da spricht, und schon gar nicht Worte, die seinem Herzen entströmen.

Das führt zur Selbstentfremdung. Die Kluft zwischen mir als Person, meinen Überzeugungen, meiner eigenen Lebendigkeit oder dem, was mich lebendig hält, und dem, was ich nach außen hin sage, zeige oder tue, wird immer größer. Bis dahin, dass ich am Ende tatsächlich nur noch das Amt bin, der Auftrag, der Funktionär. Dabei sind es ja meine Überzeugungen, die Impulse, die meinem Herzen und meiner Seele entströmen, die mich lebendig erhalten und mit dafür Sorge tragen, dass mein Tun, mein Dienst, die Funktion, die ich wahrnehme, etwas Lebendiges ist und etwas Lebendiges bleibt. Es ist zum Teil erschreckend zu sehen, wie Menschen, die sich selbst fremd geworden sind, sich verändern. Sie umgeben sich mit einer Gloriole, die zunehmend ihr wirkliches Sein ersetzt. Sie selbst tragen das Bild, das sie von sich haben, das aber nicht ihrer wahren

Natur entspricht, unsichtbar vor sich her, tun so, als wäre es so, und werden dadurch unausstehlich und unnahbar. Idealbild und Realbild klaffen weit auseinander.

Für den Egomanen bietet der Klerikerstand die ideale Form, seine narzisstische Seite ausleben zu können. Hier kann er seinen sehr menschlichen Narzissmus mit der Bedeutung, die seinem Amt oder seiner speziellen Berufung zukommt, wunderbar kaschieren und spirituell verbrämen. Der Egomane muss immer im Vordergrund stehen, meint ständig präsent sein zu müssen. Im Mittelpunkt zu stehen, beachtet zu werden, das ist Labsal für seine Seele. Er ist geradezu abhängig von dieser Labsal. Er ist nicht so sehr da, um die anderen zu sehen, sondern um selbst gesehen zu werden. Das berühmte Wort von Papst Johannes XXIII.: »Nimm dich nicht so wichtig!«, bleibt für ihn ein Fremdwort.

Alle diese Verkrustungen und Deformationen, die mit dem Klerikalismus einhergehen, erinnern an die Fettschichten, die uns, so die Sufis, die Mystiker des Islams, von der unmittelbaren Erfahrung abhalten. Im übertragenen Sinne umgeben wir uns in der Kirche mit vielen Fettschichten, die uns daran hindern, das Magma, die Kernglut unseres Glaubens, zu entdecken und dann auch zu leben. Jeder, wenn er ehrlich ist, wird diese Fettschichten bei sich entdecken. Besonders befremdlich wirken solche Fettschichten, unabhängig davon, dass sie denen, die sie um sich legen, spirituellen Schaden zufügen können, bei jenen, die sich für besonders religiös oder christlich halten oder in der Kirche wichtige Funktionen als Priester oder Bischöfe innehaben.

Eine Sternstunde, vor deren Ablauf die Jünger Jesu leider wieder einmal eingeschlafen sind

Eine ganz dicke Scheibe von dieser Fettschicht würde wegfallen, wenn zum Beispiel unsere kirchlichen Bürokratien schlichter wären oder die, die das Sagen haben, einfacher leben würden, von ihrer großen Verantwortung nicht wie selbstverständlich Privilegien ableiten würden. Wie wäre das zum Beispiel, wenn der Papst und seine Mitarbeiter nicht im Vatikan, sondern in einem Elendsviertel von Daressalam in Tansania leben und arbeiten würden? Was das an Fettschicht abbauen würde, wie ganz andere Mitarbeiter und Mitarbeiterinnen der Papst plötzlich haben würde. Wie wäre es, wenn unsere Bischöfe auf Titel und Luxus verzichten und mit den Armen leben würden, wozu sich einige Bischöfe im sogenannten Katakombenpakt im Jahre 1965 entschieden haben. Papst Franziskus lässt hier hoffen, wenngleich ich mir nicht sicher bin, welche Breitenwirkung und Nachhaltigkeit sein Wirken hat und haben wird. Als der Würzburger Bischof zum Neujahrsempfang, bei dem eine bayerische Ministerin über Barmherzigkeit sprach, einlud, wurde in der Tageszeitung groß darüber berichtet. Auf der gleichen Seite erschien ein Artikel, in dem mitgeteilt wurde, dass der Dienstmercedes des Bischofs, mit dem der Chauffeur des Bischofs auf dem Weg war, um ihn von dieser Veranstaltung abzuholen, in einen Verkehrsunfall verwickelt war.

Ja, wie wäre es, wenn ... Hier gilt, was Hansjürgen Verweyen über das Konzil im Anschluss an Matthäus 26,40 vor einigen Jahren schrieb: eine Sternstunde, »vor deren Ablauf die Jünger Jesu leider wieder einmal eingeschlafen sind« (Seibel 2012/13, 21). Wir wären IHM näher, dem wir eigentlich nahe sein wollen. Wir würden bewusster leben. Wir würden mehr mit dem in Berührung sein, worum es letztlich geht. Wir wären näher am Eigentlichen. Wir selbst würden mehr das Eigentliche tun. Das aber ist schlicht und einfach: Lieben. »Hätte ich aber die Liebe nicht, so wäre es nichts ...« Wir wären am Anfang, an der Wurzel. Doch so radikal – da steckt das lateinische Wort für Wurzel *radix* drin – wollen wir dann doch wohl nicht sein. So ganz ohne Fettschicht, das ist zu viel verlangt.

So werden es vermutlich wieder einige wenige sein, die es ernst meinen mit der Liebe, der Barmherzigkeit, dem Mitleiden, die uns – und mir, der ich selbst weit hinter diesen Idealen zurückbleibe – vorleben, was das heißt, da zu sein, um die anderen zu sehen, und nicht, um selbst gesehen zu werden. »Solange wir es im Leben hauptsächlich darauf anlegen, interessant und dadurch besonders beachtenswert zu sein, kann sich kein Mitleiden einstellen. Daher beginnt der Aufbruch in Richtung auf das Mitleiden immer mit dem Abrücken von der Welt, die uns zu Gegenständen des Interesses machen will« (Nouwen 1983, 91).

Thomas Merton (285, 351) erwähnt drei Weisen von *Bodhichitta,* des inneren Aufwachens oder der inneren Erleuchtung. Eine Weise besteht darin, eine spirituelle Macht zu suchen, um sich und dann andere zu retten. Eine andere Weise entspricht der des Bootsmannes, bei der ich mich zusammen mit anderen auf eine Fähre begebe, die zum Heil führt. Die vollkommene Weise aber ist die des Herzens, bei der man sich hinter alle anderen stellt und als Letzter Heil und Erlösung erreicht. Die letzte Weise werden wir erst dann praktizieren, wenn alle Fettschichten weg sind. Also versuchen wir es vorerst mit den anderen Weisen. Es wird immer so sein, dass die pure Liebe, das tiefste Mitleid von irgendeiner Fettschicht in seiner ganzen Wirkung und Intensität gebremst wird. Solange darunter die Liebe und das Mitleid vorhanden sind, ist nichts verloren, kann und wird es immer wieder geschehen, dass wenigstens ein Funken davon die Fettschicht durchdringt und ER spürbar und sichtbar wird. Auch bei spirituellen Menschen. Auch in der Kirche.

Klerikales Verhalten und Gott auseinanderhalten

Dass man mich nicht falsch versteht: Als katholischer Christ bin ich für den Papst, die Bischöfe, die Priester. Ihnen kommt durch die Weihevollmacht eine ganz eigene Rolle zu. Auch finde ich es wichtig, dass wir in der Kirche klare Strukturen haben, die es ermöglichen, Gemeinden, Gemeinschaften zu gründen, Werke ins Leben zu rufen, sich miteinander für eine

Sache stark zu machen, sich für die Entrechteten einzusetzen. Nur: Jene, die Verantwortung in der Kirche tragen, können und dürfen sich um Gottes willen, wirklich Gottes wegen, nicht über die anderen, die sogenannten Laien, stellen. Auch dürfen sie nicht ihre Eigenarten und Vorlieben – auch theologischen –, die ihnen persönlich zugestanden sein mögen, zur Norm erklären, als seien diese mit geweiht worden und jetzt für alle und ewig bindend.

Für mich war es in den vergangenen Jahren und Jahrzehnten wichtig, Kirche, und da vor allem klerikales Verhalten, und Gott auseinanderzuhalten. Gott darf nicht in Zusammenhang gebracht werden mit dem Verhalten von Bischöfen, die ihre eigene Unerlöstheit an Personen, über die sie meinen, das Sagen zu haben, auslassen. Sie verdunkeln durch ihr Verhalten den lebendigen, lebenschaffenden, barmherzigen Gott, wenn sie Gott für ihr Verhalten in Anspruch nehmen. Dabei ist ihr Verhalten Ausdruck ihres Schattens, zum Beispiel ihrer Unbarmherzigkeit, nicht selten auch sich selbst gegenüber. Sie predigen einen Gott, treten im Namen eines Gottes auf, der verdunkelt ist durch ihren Schatten, den sie erst loswerden, wenn sie bei sich und in sich Platz schaffen für den Gott der Liebe, der größer ist als alles. Es ist ihnen zu wünschen, dass ihnen das noch zu Lebzeiten widerfährt.

Es wäre ein schmerzvolles und zugleich heilvolles Erlebnis für sie. Schmerzvoll, wenn ihnen bewusst wird, wie unbarmherzig sie sich selbst, aber vor allem anderen gegenüber verhalten haben, wie viel Last sie anderen aufgebürdet haben, Opfer abverlangt haben, Verzichte gefordert haben, weil sie glaubten, dass Gott das wolle, sie aber nicht mehr als ihre eigene Unerlöstheit ausagiert haben. Es wäre für sie heilsam, in sich Platz zu schaffen für den Gott der Liebe, der größer ist als alles, weil sie dann endlich am eigenen Leib und in der eigenen Seele erfahren dürfen, wie befreiend, erlösend, heilend es ist zu spüren, dass sie angenommen und geliebt sind und auch ihr Versagen, ihre Unbarmherzigkeit, ihre Lieblosig-

keit und Unsensibilität anderen gegenüber barmherzig vergeben wird. Denn größer als alles aber ist die Liebe. Ob sie es
glauben oder nicht.

Wahrhaft priesterlicher Umgang miteinander

Ich glaube wir müssen in der Kirche noch mehr lernen, wahr-
haft priesterlich miteinander umzugehen. Unter einem solchen
Verhalten verstehe ich ein Vorgehen, das sich aus der allen
Getauften im 1. Petrusbrief zugesprochenen königlichen Priesterschaft ergibt und sich in bestimmten Haltungen und Verhaltensweisen niederschlägt (vgl. Wilson 2008). So zeigt sich die
priesterliche Haltung in erster Linie in der Liebe, im liebevollen
Umgang miteinander. Priesterliches Verhalten zeigt sich, wenn
wir bei allen unterschiedlichen Rollen und Funktionen, die es
wahrzunehmen und zu beachten gilt, dennoch bereit und fähig
dazu sind, uns gegenseitig die Füße zu waschen. Wenn wir nicht
vergessen, dass es wichtiger ist, in Gemeinschaft miteinander zu
sein, als recht zu haben. Wenn ich als Christ meinem Mitchristen, der eine andere Meinung hat als ich, nicht länger die Füße
waschen kann, mag ich zwar wirklich recht haben, aber, wenn
ich recht hätte, »hätte aber die Liebe nicht, so nützte es mir
nichts« (1 Kor 13,3). Worum es geht, ist schlicht, dass wir in der
Kirche *miteinander* reden. Auf Augenhöhe. Dass wir uns gegenseitig als königliche Priesterschaft, als Gottes Volk unterstützen,
aufeinander hören, *miteinander* überlegen, wie es weitergeht.
Aber noch einmal: auf Augenhöhe. Davon sind wir aber noch
weit entfernt.

Weil das meine Kirche ist und ich will, dass sie meine Kirche bleibt, war es für mich wichtig – bei allen Kompromissen,
auf die ich mich als kirchlicher Mitarbeiter und mit Rücksicht
auf andere eingelassen habe – und ist es mir heute noch wichtiger, das zur Sprache zu bringen, was ich für richtig erachte
und von dem ich überzeugt bin. Ich möchte mich von nie-

mandem davon abhalten lassen, auch nicht von einem Papst oder einem Bischof, das zu sagen, was ich für richtig erachte, im Bewusstsein des königlichen Priestertums, an dem ich als Getaufter teilhabe.

Ich bin davon überzeugt, dass unsere Kirche nur dann eine Chance hat, wenn wir als Christinnen und Christen den Mut haben zu sagen, was wir als Wahrheit erkennen, aufstehen, uns melden, widersprechen, miteinander streiten – in gegenseitigem Respekt. Die Apostel und die Ältesten haben es uns doch vorgemacht, wie wir in der Apostelgeschichte erfahren. Sie haben miteinander gerungen und gestritten und dabei die Erfahrung gemacht, dass der Heilige Geist gerade auch in der Auseinandersetzung, in der Spannung seine Chance hat, zum Zuge zu kommen. Diese Auseinandersetzung wünschte ich mir zwischen den sogenannten Laien und Klerikern, darunter auch den Bischöfen, unter den Bischöfen selbst und auch zwischen den Bischöfen und ihrem großen Bruder in Rom.

Wir müssen den Mut haben, ein klerikales Verhalten, das immer noch meint, von oben nach unten schalten und walten zu können, zu unterlaufen und nicht länger zu akzeptieren, sofern sich dieses klerikale Verhalten letztlich als eine Kaschierung von Lieblosigkeit erweist, die mit einem spirituellen Mantel überdeckt wird, um dann auch noch als Willen Gottes deklariert zu werden. In solchen Situationen gilt es aufzustehen, deutlich zu widersprechen, dem andern wirklich die Maske vom Gesicht zu reißen und ihn auf sein klerikales Verhalten ohne Wenn und Aber aufmerksam zu machen. Hier gilt es zum Beispiel einem Bischof ins Angesicht zu widersprechen, brüderlich, geschwisterlich, aber klar und bestimmt.

Als ich 2013 die Ehrendoktorwürde der katholischen Fakultät der Universität Münster erhielt, zusammen mit Franz-Xaver Kaufmann, hatte ich in meiner Rede auch eine Passage, in der ich mich an meine Mitbrüder, die Bischöfe, wandte. Das, was ich da sagte, war zum Teil hart, aber, wie ich meine, auf den Punkt gebracht. Ich hatte mir zuvor noch einmal die Hirtenschelte des Propheten Ezechiel durchgelesen, auf die mich zum ersten Mal Alfons Deissler aufmerksam gemacht hatte. Da heißt es unter anderem:

Wehe den Hirten Israels, die sich selbst weiden! Aber ihr esst das Fett und kleidet euch mit der Wolle und schlachtet das Gemästete, aber die Schafe wollt ihr nicht weiden. Das Schwache stärkt ihr nicht, und das Kranke heilt ihr nicht, das Verwundete verbindet ihr nicht, das Verirrte holt ihr nicht zurück, und das Verlorene sucht ihr nicht; das Starke aber tretet ihr nieder mit Gewalt (…) darum hört, ihr Hirten, des Herrn Wort! So spricht Gott der Herr: Siehe ich will an die Hirten und will meine Herde von ihnen fordern; ich will ein Ende damit machen, dass sie Hirten sind, und sie sollen sich nicht mehr selbst weiden. Ich will meine Schafe erretten aus ihrem Rachen, dass sie sie nicht mehr fressen sollen (Ezechiel 34,2–4.9–10).

In meiner Rede anlässlich der Verleihung der Ehrendoktorwürde sagte ich, die Bischöfe direkt ansprechend:

Liebe Brüder!

Ich weiß nicht, ob ihr uns das glaubt, aber wir würden uns gerne einfach vertrauensvoll auf euch, unsere Brüder, die ihr ein Hirtenamt innehabt, einlassen und das, was ihr sagt, manchmal auch fordert, beherzigen, mit euch an einer Kirche arbeiten, die wir als Gemeinschaft erleben. Eine Kirche, die sich selbst als Gottes Kirche versteht und in der und durch die – oh, das wünschen wir uns so sehr – Christus als lumen gentium, als Licht der Völker, aufstrahlt, in der das österliche Lied zum Klingen kommt.

Aber ich habe zuweilen den Eindruck, dass irgendetwas zwischen euch und uns steht, jedenfalls bei einigen von euch. Kann es sein, dass manche von euch, liebe Brüder, offensichtlich immer noch glauben, uns von oben herab behandeln zu müssen? Ist das jenen unter euch, auf die das zutrifft, überhaupt bewusst? Was glaubt ihr, wer ihr seid? Ihr seid doch unsere Brüder! Und nicht unsere Herrscher. Da kann es doch nicht wahr sein, dass ihr auf uns herabschaut und glaubt, uns einfach eure Vorgaben vorlegen zu können, die wir dann zu erfüllen haben. Wir sind Brüder und Schwestern! Und als Brüder und Schwestern müssen wir brüderlich, schwesterlich, geschwisterlich miteinander umgehen. Auch, weil wir uns – ihr uns, wir euch – gegenseitig brauchen, gerade auch jetzt, wo es darum geht, dass wir miteinander, ich betone: miteinander, nach einer Lösung suchen, wie es weitergeht mit unserer Kirche.

Das aber setzt voraus, dass wir miteinander reden, diskutieren, streiten, gemeinsam nach dem richtigen Weg schauen. Gemeinsam und auf Augenhöhe. Merkt ihr nicht, wie weit weg manche von euch, einschließlich unseres großen Bruders in Rom, von uns sind, unserer Wirklichkeit, unseren Nöten? Dem, was uns bewegt? Habt ihr vergessen, dass nicht ihr oder der Papst der Lenker und Leiter unserer Gemeinschaft, die sich Kirche nennt, seid, sondern der Heilige Geist? Der Heilige Geist, der ganz sicher durch euch spricht, aber auch durch uns. Habt ihr das vergessen? Wir freuen uns, in euch Brüder zu haben, die ein besonderes Amt innehaben, die einen wichtigen Dienst in unserer Gemeinschaft wahrnehmen. Es ist gut, dass es euch gibt, und wir sind dankbar für den Dienst, den ihr für uns leistet. Doch, liebe Brüder, was hält euch eigentlich davon ab, mit uns zusammen herauszufinden, was der Heilige Geist von uns will, wie es weitergeht mit unserer Gemeinschaft?

Was hält euch davon ab, in fröhlicher Demut damit zu rechnen, dass, wie Karl Rahner (1972, 61f.) es sagt, »der Geist weht, wo er will«, dass er keine exklusive Erbpacht bei euch »eingerichtet hat, dass das nie völlig reglementierbare Charismatische ebenso notwendig zur Kirche gehört wie das Amt, das nie einfach mit dem Geist identisch ist und ihn nie ersetzen kann, dass auch das Amt seine wirklich effiziente Glaubwürdigkeit vor den Menschen nur im Erweis des Geistes und nicht durch die bloße Berufung auf die noch so legitime formale Sendung und Autorität hat«.

Und wenn jetzt vom Heiligen Geist und seinem Wirken in unserer Kirche die Rede ist, dann muss ich gestehen, dass manchmal in mir die Frage auftaucht: Könnte es sein, dass Gott gerade in dieser Zeit in besonderer Weise in unserer Kirche anwesend ist, sein Geist in *ihr wirkt? Dass er, sie, die »Ruach«, unsere Kirche im Augenblick kräftig durcheinanderwirbelt. Weil es höchste Zeit ist.*

Ich meine manchmal, wir gehen bei unserer Beurteilung darüber, wie es um die Kirche steht, zu sehr von einem sehr einseitig kirchlichen Blick aus, starren auf die Zahlen, darauf, wie viele Männer zu Priestern geweiht werden und so weiter und so fort. Wir wollen es kirchlicherseits gerne so haben, wie wir meinen, dass es sein muss und sein sollte. Könnte es aber nicht sein, dass Gott uns die Stirn bietet und sagt: Merkt ihr eigentlich nicht, dass ich es ganz anders haben möchte? Merkt ihr nicht, dass ich mich längst nicht mehr wohlfühle in all den Verkrustungen und Auswüchsen, die sich im Laufe der Jahrhunderte in meiner Kirche gebildet haben? Dass es jetzt einfach genug ist? Ich will, dass meine Kirche wieder der Ort ist, an dem nicht nur von der Liebe geredet wird, sondern Liebe spürbar ist, die Liebe, die ich doch selbst bin. Und dass diese Liebe nicht länger erstickt wird durch Enge und Engherzigkeit, durch Regeln und Dogmatismus, für die man dann auch noch mich verantwortlich macht?

So weit der Auszug aus meiner offiziellen Rede. Es gibt ausgezeichnete Hirten, sprich Bischöfe und Priester. Es gibt aber leider auch die Hirten, die viel Not über die Kirche gebracht haben und die durch das klerikale System in der Kirche, das das Ausmaß ihrer Selbstbezogenheit und Selbstherrlichkeit vernebelt, leider bis heute ihr Unwesen treiben können. Meine Rede soll, so wurde mir aus zuverlässiger Quelle vermittelt, in Kreisen des Zentralkomitees der deutschen Katholiken auf große Zustimmung gestoßen sein, während Bischof Genn von Münster über meine und Franz-Xaver Kaufmanns Ehrendoktorwürde, so wurde mir berichtet, nicht glücklich war. Ich traf am Tag der Verleihung der Ehrendoktorwürde eher zufällig seinen Vorgänger Bischof Lettmann. Es war am Tag eines wichtigen Fußballspieles im Rahmen der Weltmeisterschaft. Ich ging mit Marie-Theres Wacker, Professorin für Altes Testament, durch Münster und entdeckte vor einem stattlichen Gebäude einen alten Herrn, der, so schien mir, sehnsuchtsvoll in Richtung einer Gaststätte schaute, von der laute Stimmen von Menschen zu hören waren, die vor einem Fernseher dem Fußballspiel zuschauten. Marie-Theres sagte mir, dass es Bischof Lettmann ist. Ich entschied mich spontan, auf ihn zuzugehen, stellte mich ihm vor, er wusste um die Verleihung der Doktorwürde, und fragte nach seinem Befinden. Er hatte gerade eine Hüftoperation überstanden, und es ging ihm entsprechend schlecht. Warum erwähne ich diese Begegnung? Es war eine kurze Begegnung von Bruder zu Bruder. Nicht mehr und nicht weniger. Der Bischof von Münster war nicht zur Verleihung der Ehrendoktorwürde erschienen, sondern hatte den stellvertretenden Generalvikar geschickt, wohl um deutlich zu machen, was er von der ganzen Sache hält. Die entscheidende Begegnung mit einem Vertreter der Diözese war für mich die kurze, menschliche, brüderliche Begegnung mit Bischof Lettmann.

Im Dienst der Kirche

Das Recollectiohaus

Das Recollectiohaus als Gemeinschaftsprojekt

Der wichtigste Beitrag, den ich für die Kirche, ja meine Kirche, geleistet habe, ist aus meiner Sicht das Recollectiohaus in der Abtei Münsterschwarzach. Die Idee, im deutschsprachigen Raum eine Einrichtung ins Leben zu rufen, in der Priester und Ordensleute spirituell und psychotherapeutisch über einen Zeitraum von bis zu 12 Wochen begleitet werden, kam mir bei meiner Tätigkeit in der Erzdiözese Freiburg, nachdem ich bei meinem Studienaufenthalt in Kalifornien eine ähnliche Einrichtung kennengelernt hatte.

Ich mag es nicht, wenn man mich als den Gründer des Recollectiohauses bezeichnet. Sosehr es meine Idee war und ich diese Idee dann auch trotz anfänglicher Schwierigkeiten konsequent verfolgte, bedurfte es der Bereitschaft der Abtei Münsterschwarzach, ihrer Gemeinschaft, und da vornehmlich des damaligen Abtes P. Fidelis Ruppert und von P. Anselm Grün, dass es heute das Recollectiohaus gibt. Die Akzeptanz und das gute Renommee verdankt das Recollectiohaus vor allem seinen Mitarbeitern und Mitarbeiterinnen, zu denen von Anfang an meine Frau Dr. Ilse Müller, P. Anselm Grün, P. Meinrad Dufner und nun schon sehr lange Dr. Ruthard Ott zählen. Weiter haben Sr. Julietta Götz, Sr. Christiane Sartorius und Sr. Sylvia Platte sowie P. Udo Küppers, Br. Stephan Veth, P. Deocar Engelhard, P. Daniel Klüsche, Br. Pascal Herold, P. Zacharias Heyes, Abt Michael Reepen, Angelika Susewind neben anderen ihren Beitrag dazu geleistet, dass das Recollectiohaus in den vergangenen 25 Jahren so erfolgreich war und auch in der nicht nur kirchlichen Öffentlichkeit so viel Aufmerksamkeit gefunden hat.

Wenn ich über die 25 Jahre nachdenke, die ich als Leiter des Recollectiohauses verbracht habe, und dabei meine Erfahrungen mit der Kirche mit bedenke, dann löst das ganz unterschiedliche Gefühle in mir aus. An erster Stelle ist es ein Gefühl großer Dankbarkeit. Ich betrachte es als ein Privileg, über so viele Jahre eine so große Verantwortung wahrnehmen zu dürfen. Mit dem Recollectiohaus habe ich etwas initiiert, von dem ich glaube, dass es wichtig ist. Ich hatte die Vision, mit einer solchen Einrichtung Priestern, Seelsorgern und Seelsorgerinnen, Ordensleuten, kirchlichen Mitarbeitern und Mitarbeiterinnen mehr und grundsätzlicher helfen zu können, als das bisher im deutschsprachigen Raum möglich war. Wenn ich heute zurückblicke, hat sich das als richtig erwiesen. Die fast 2000 Männer und Frauen, die seitdem hier psychotherapeutisch und spirituell begleitet wurden, haben in der Regel, so meine und unsere Erfahrungen im Team, diese Zeit als herausfordernd, heilend und segensreich erlebt. Das bestätigen auch die vielen Rückmeldungen, die wir von unseren Gästen bekommen.

Schmerzvolle Erfahrungen

Mir fallen viele Einzelsituationen und Einzelschicksale ein. Ich sehe Personen vor mir, die in ihrer Not, in ihrer Verzweiflung, mit ihrer Enttäuschung und Verletzung, den Weg ins Recollectiohaus gefunden haben. Sie trafen auf einen Ort, an dem sie endlich vorbehaltlos, ohne Angst, abgelehnt zu werden, in den Einzelgesprächen und in der Gruppe, ihr Herz ausschütten durften. Da beklagt sich eine Ordensfrau über die Kränkung durch die Oberin, die vergessen hat, dass Gehorsam sich von *hören* ableitet, zunächst einmal also verlangt hinzuhören. Dort ist es der junge Priester – und er steht für viele –, der sich verliebt hat, zugleich aber mit Leib und Seele Priester ist. Den es fast zerreißt, weil er authentisch leben möchte. Und ich sehe mich, wie mich das nicht unberührt lässt, ich zwar die für einen Therapeuten notwendige Zuwendung und gleichzeitig Distanz bewahren kann, mich das aber nicht kaltlässt. Da ist einmal dieses Ringen des Priesters, die Ernsthaftigkeit, mit der er seine Situation und sein Leben in die Hand nimmt. Dann spüre ich auch meinen Schmerz und manchmal auch meinen Ärger und meine Wut, dass es in unserer Kirche nicht möglich ist, selbst entscheiden zu können, wenn ich in mir die Berufung zum Priester spüre, ob ich dann zölibatär oder in einer Ehe bzw. Partnerschaft leben will.

Damit spreche ich einen Bereich an, der eher zu den schmerzvollen Erfahrungen zählt, wenn ich über meine Erfahrungen mit der Kirche auf dem Hintergrund meiner Tätigkeit im Recollectiohaus nachdenke. Mir fallen Gruppensitzungen ein – oft ist es die erste Gruppensitzung, in der die Gäste berichten, was sie ins Recollectiohaus geführt hat –, in denen der Raum erfüllt ist von Betroffenheit darüber, wie lieblos, ja rücksichtslos Vorgesetzte mit ihren kirchlichen Mitarbeitern umgehen. Dabei, so höre ich dann immer bedauernd, wollen, sollen wir als Kirche uns doch von anderen Unternehmen unterscheiden. Ich durfte in den vergangenen Jahren auch die Erfahrung machen, dass kirchliche Vorgesetzte weit mehr, als das früher der Fall war, am persönlichen Wohlergehen ihrer Mitarbeiter interessiert sind, sich oft sogar stark machen, dass die Mitarbeiter sich freie Zeit, eine Auszeit, einen Aufenthalt im Recollectiohaus gönnen. Auch kann ich sagen, dass in der Regel die Verantwortlichen, sei es der Bischof, der Personalchef, die zuständigen Personalverantwortlichen für die einzelnen hauptamtlichen pastoralen Mitarbeiter und Mitarbeiterinnen, weit großzügiger und barmherziger mit ihren Mitarbeitern umgehen, als man das nach außen hin manchmal vermutet. Das schließt freilich nicht aus, dass es Diözesen und in ihnen für das Personal Verantwortliche gibt, auf die das nicht zutrifft.

Die Betroffenheit, die kirchliche Mitarbeiter und Mitarbeiterinnen angesichts schlechter Behandlung durch ihre Kirche erfahren, ist zunächst auch objektiv betrachtet nachvollziehbar. Denn wenn auch eine Organisation wie die Kirche durchorganisiert ist, es z.B. in den Ordinariaten eigene Stabstellen gibt, sollte man von den Personen, die dort tätig sind, erwarten dürfen, dass sie nicht vergessen, wofür sie arbeiten, das heißt in ihrer Arbeit etwas von dem, worum es bei der Kirche letztendlich geht – so banal das klingen mag: die Liebe –, durchscheint.

Für manche kirchliche Mitarbeiter kann die Behandlung, die sie als ungerecht und lieblos erleben, auch dazu führen, ihre Vorstellungen von Kirche, ihre Erwartungen von kirchlichen Vorgesetzten zu überprüfen und gegebenenfalls auch zu korrigieren. Die Kirche ist als Organisation auch ein Betrieb und den gleichen Regeln und Mechanismen unterworfen, wie das auch für andere Betriebe gilt. Das ist für kirchliche Mitarbeiter manchmal mehr, manchmal weniger ein Problem. Auch hängt das natürlich von der ganz konkreten Person ab, die Verantwortung hat, und die Art und Weise, wie sie dies im Umgang mit ihren Mitarbeitern anwendet. Problematisch wird es vor allem, wenn man sich nicht bewusst ist, dass kirchliche Vorgesetzte, Amtsträger, natürlich Macht haben, Macht ausüben und kirchliche Mitarbeiter, aber auch alle anderen Mitchristen auf die eine oder andere Weise diese Macht zu spüren bekommen. Für die, die Macht ausüben, ist es wichtig, sich bewusst zu machen, dass sie Macht ausüben, auch um damit verantwortlich umgehen zu können.

Meine Erfahrung mit Kirche ist hier, dass der ganze Bereich, in dem es um Macht geht, nicht angemessen bedacht wird, man sich hier oft etwas vormacht und in besonderer Weise anfällig ist für spirituelle Überhöhungen, hinter denen sich, wenn man genauer hinschaut, schlicht persönliche Einflussnahme und Machtansprüche verbergen, manchmal auch Machtmissbrauch. Als besonders gefährdet sehe ich auch die Ordensgemeinschaften, in denen ohne die Einbeziehung von anderen Personen, sei es Mitschwestern, Mitbrüder, Begleiter, vor allem aber die Person, um die es geht, Vorgesetzte nach eigenem Gutdünken Entscheidungen über wichtige Lebensbereiche eines anderen treffen und diese dann als der Wille Gottes »verkauft« werden.

Frauen in der Kirche

Meine Arbeit im Recollectiohaus hat mich auch noch einmal sensibler dafür gemacht, wie sehr wir uns in der Kirche amputieren, uns schaden, solange Frauen in der Kirche nicht mit einer Selbstverständlichkeit das möglich ist und ermöglicht wird, was für Männer möglich ist und ihnen ermöglicht wird, ganz abgesehen davon, dass dadurch Frauen viel Leid zugefügt wird. Ich erinnere mich, wie ich mich bei einer internationalen Konferenz im Vatikan über sexuellen Missbrauch nur schwer zurückhalten konnte, nachdem wir über viele Jahrhunderte nur Männer zu Priestern geweiht haben, könnten wir ja für die nächsten Jahrhunderte nur Frauen zu Priesterinnen weihen. Vorausgegangen war das Statement eines anerkannten Wissenschaftlers, wonach die Tatsache, ein Mann zu sein, der erste Risikofaktor für sexuellen Missbrauch Minderjähriger sei. Tatsächlich fände ich es an der Zeit, dass Männern und Frauen der Zugang zum Weiheamt ermöglicht wird.

In der Süddeutschen Zeitung gibt es einmal im Monat eine Beilage mit Artikeln aus der New York Times. In einem Beitrag berichtet eine Frau, wie ihr jäh bewusst wurde, dass sie in der katholischen Kirche, was den Umgang mit Frauen betrifft, genau das erfahre, was Frauen in den arabischen Ländern passiert, denen nicht die gleichen Rechte wie den Männern zugesprochen werden. Das mag zunächst sehr hart klingen, und dennoch wird hier deutlich, dass, man mag es drehen und wenden wie man will, das tatsächlich auch auf die Frauen in der katholischen Kirche zutrifft.

Ich erinnere mich an eine Diskussion auf einem Katholikentag, bei der ein Kardinal, konfrontiert mit der Frauenfrage, genervt meinte, er könne das nicht länger hören, die Frauen würden doch wichtige Dienste in der Kirche wahrnehmen und so weiter und so fort. Ich dachte mir damals: Wie ginge es dir, lieber Bruder Kardinal, wenn an deiner Stelle eine Frau stünde und die Frau Kardinal dir das sagen würde, was du gerade den Frauen über ihre Bedeutung und ihre Rolle in der Kirche gesagt hast, also die Männer sich mit ihrer Rolle in der Kirche, die sie vom Weiheamt und damit von den meisten Leitungspositionen ausschließt, zufriedengeben müssten?

Nein, mein lieber Bruder, diese Fragen müssen dich und die Kirche so lange beschäftigen, bis die Ebenbildlichkeit Gottes endlich auch in der katholischen Kirche ernst genommen wird, sie auch in den Personen, die in ihr Leitung wahrnehmen und ein Weiheamt innehaben, zum Ausdruck kommt. Glaubst du wirklich, dass Gott, den wir das große Geheimnis nennen, im Menschen aber, der Mann und Frau ist, sein Ebenbild geschaffen hat, irgendein Problem damit hat? Ja, könnte es vielleicht sogar sein, dass Gott das als eine Beleidigung betrachtet, ihn, eine Seite von ihm, hier auszuschließen?

Aus einer psychologischen, letztlich aber auch zutiefst spirituellen Perspektive gesehen, würde die Erweiterung der Priesterschaft um die Frauen eine wesentliche Bereicherung der Priesterschaft darstellen. Die Gottesebenbildlichkeit, die sich im Mann *und* in der Frau Ausdruck verschafft, würde auch in der Priesterschaft konkretisiert werden; was im Moment nur halb ist, würde ganz werden. Den Frauen würden endlich in der Kirche die gleichen Rechte zugesprochen.

Die katholische Kirche amputiert sich selbst, verzichtet auf eine Bereicherung und Vollendung, solange sie daran festhält, Frauen vom Weiheamt und damit letztlich auch von den entscheidenden Leitungsämtern in der Kirche auszuschließen. Sie versündigt sich damit aus meiner Sicht auch gegenüber Gott und den vielen Frauen, die in ihrem Verlangen, Gott und den Menschen zu dienen, ihren Beitrag zur Ehre Gottes leisten wollen.

Die Kirche und ihre Verantwortlichen dürfen sich daher nicht wundern, dass so viele Frauen der Kirche den Rücken zukehren, sie für eine unglaubwürdige und frauenfeindliche Einrichtung erachten, die mit theologischen Begründungen, hinter denen nicht selten in Wirklichkeit ideologisch eingefärbte Argumente stehen, ihre Weigerung, Frauen in der Kirche die gleichen Rechte wie den Männern zuzugestehen, erklären wollen.

Keine Geringere als die heilige Edith Stein hat ins Feld geführt, dass aus einer theologischen Betrachtungsweise Frauen sehr wohl zum Priesteramt zugelassen werden können. Auch wenn Papst Johannes Paul II. die Hürden, die dabei zu überwinden wären, noch einmal verstärkt hat – die Tür, die ein Papst zugemacht hat, kann ein anderer Papst auch wieder öffnen.

Wenn diese Tür aber eines Tages geöffnet wird – und sie muss und wird geöffnet werden – um Gottes und der Frauen willen –, dann wird endlich geschehen, was bisher unterblieben ist: Die Kirche wird vollkommener werden, das aber heißt, sie wird auf ihrem Weg zur Heiligkeit weitergekommen sein. Das englische Wort für heilig heißt ja *holy*, und darin steckt das Wort *whole*, was mit »ganz« übersetzt werden kann. Die Kirche wird erwachsener geworden sein, auch weil sie dann ein wenig näher an Gott gerückt ist. Das aber wird auch positive Auswirkungen auf die Frauen haben, die sich jetzt wieder wohlerfühlen werden in der katholischen Kirche, sodass sie in ihr den Ort, die Heimat finden, in der sie sich verstanden fühlen, sie gesehen und ernst genommen werden und ihre Begabungen und Charismen einbringen können, damit diese Kirche, ihre Kirche, *allen,* Frauen und Männern, Heimat werden kann. Eine Heimat, die, so Joseph Ratzinger (2005, 326) in seiner *Einführung in das Christentum*, »Hoffnung ist: Weg zum ewigen Leben«. Denn, so schreibt er weiter, »nur wer dies erfahren hat, weiß, was Kirche ist, damals und heute«. Viele Frauen erfahren das aber bisher leider nicht.

Bei der Bischofsynode, die im Oktober 2015 in Rom stattfand, baten die deutschsprachigen Bischöfe jene Menschen um Verzeihung – unter ihnen Geschiedene, Wiederverheiratete und homosexuell orientierte Menschen, denen im falsch verstandenen Bemühen, die kirchliche Lehre hochzuhalten, durch hartes und unbarmherziges Verhalten Leid zugefügt wurde. Eine solche Entschuldigung und Bitte um Verzeihung ist, bezogen auf die Frauen in der Kirche, längst fällig. Dabei darf es aber nicht nur bei einer Bitte um Verzeihung bleiben, sondern sie müsste mit einer Umkehr einhergehen, die zu einer Veränderung der bisherigen Praxis, was die Möglichkeiten der Frauen in der Kirche betrifft, führt.

Vor einiger Zeit habe ich eine US-amerikanische Ordensfrau gesprochen, die für eine längere Zeit Leitungsfunktionen in ihrer Gemeinschaft innehatte. Ich nahm bei ihr eine große Erleichterung darüber wahr, dass die Vorhaltungen des Vatikans gegenüber den US-amerikanischen Ordensfrauen, denen vorgeworfen worden war, nicht fromm genug zu leben, inzwischen gänzlich ausgeräumt worden sind. Die Situation sei, so erwähnte sie, sehr kritisch gewesen. Was die Ordensfrauen in dieser Zeit vor allem als hilfreich erlebten und womit sie in diesem Umfang nicht gerechnet hatten, war die nahezu uneingeschränkte Solidarität der Gläubigen mit ihnen, die sie in dieser Zeit erfahren durften.

Dann sagte sie etwas, das mich sehr nachdenklich machte. Sie, die Ordensfrauen, erlebten eine Solidarität, die die Kirche, vornehmlich aber ihren Führungskräfte und da vor allem die Bischöfe im Zusammenhang mit dem Missbrauchsskandal nicht erfahren durften. Sie führt das vor allem auf deren klerikales Verhalten zurück, das ja mit verantwortlich war für den Missbrauch und die oft unglückliche Art und Weise, mit der viele Bischöfe mit dieser ganzen Angelegenheit umgingen. Weiter machte sie deutlich, dass ihre Leitungsstruktur dialogorientiert ist, im Unterschied zu der der Bischöfe, die autoritär ausgerichtet ist und dazu führt, dass einer alleine entscheidet, statt die anderen bei seinen Entscheidungen mit einzubeziehen und bereit zu sein, seine Entscheidungen auch kritisch hinterfragen zu lassen.

Zwischen Ideal und Wirklichkeit

Bei meiner langjährigen Tätigkeit im Recollectiohaus bin ich unzähligen Männern und Frauen begegnet, die wirklich versuchen, Gottes Hände in unserer Welt zu sein. Sie geben auf eine überzeugende Weise ihr Leben für andere hin. Ihr Herz schlägt für die Armen, die Entrechteten. Sie wollen, zutiefst getroffen von Gott, Menschen helfen, Gott in ihrem Leben als eine stärkende und heilende Wirklichkeit zu erfahren. Sie lassen durch ihre Person, ihre Präsenz, ihr Tun Gott Wirklichkeit in unserer Welt werden. Das ist eine wunderschöne und wahrlich einzigartige Erfahrung von Kirche.

Ich bin aber auch der kranken Kirche begegnet. Einer Kirche, die morsch, hinfällig, einsturzgefährdet ist. Ja, einem kranken System, das dabei ist einzustürzen, trotz der vielfältigen Versuche, es mit immer neuen Stützvorrichtungen davor zu bewahren. Manche von denen, die in besonderer Weise in der Kirche Verantwortung haben, wissen das längst, sprechen auch offen darüber. Andere wieder wollen es nicht wahrhaben, verdrängen es, machen einfach so weiter.

Bestürzend ist für mich das Ausmaß an Unwahrhaftigkeit, das ich in der Kirche angetroffen habe. Nicht zuletzt auch als Psychotherapeut weiß ich um unsere menschliche Unvollkommenheit, unsere Unerlöstheit, um die Untiefen menschlichen Seins, meine eigenen eingeschlossen. Allein das Ausmaß an nicht authentischem Leben, das einem im kirchlichen Kontext begegnet, hat mich erstaunt und manchmal auch erschüttert. Hier zeigt sich, wie sehr Ideale, die an sich wunderbar sind, zu einer Verunstaltung des eigenen Lebensentwurfs führen können, wenn diese Ideale die menschliche Situation nicht angemessen berücksichtigen und die Entscheidungen dafür, sie zu leben, nicht von einer Reihe von Personen getroffen worden ist, die wirklich weiß, auf was sie sich eingelassen hat.

Hier befindet sich die Kirche in einem großen Dilemma. Zum einen kann und will sie natürlich nicht auf Ideale verzichten.

Auf der anderen Seite gilt es, Menschen damit nicht zu überfordern, vor allem aber mit jenen, die sich davon überfordert fühlen, ja, diese Ideale nicht länger leben, so umzugehen, dass man als Kirche glaubwürdig bleibt, sollte man es überhaupt noch sein.

Es ist das eine, wie kirchliche Mitarbeiter mit kirchlichen Vorgaben hinsichtlich ihres Lebensstils umgehen, das andere, wie der kirchliche Arbeitgeber darauf reagiert, wenn kirchliche Mitarbeiter sich nicht an die Vorgaben halten. Da gibt es jene, die die reine Lehre einfordern, will sagen, verlangen, dass sich kirchliche Mitarbeiter hundertprozentig an die kirchlichen Vorschriften halten, wollen sie nicht riskieren, dass ihnen gekündigt wird.

Andere Bischöfe oder Verantwortliche in kirchlichen Behörden wissen von Priestern, die in – auch sexuellen – Beziehungen leben, sie wissen, dass kirchliche Mitarbeiter und Mitarbeiterinnen zusammenleben, obwohl sie nicht verheiratet sind, schauen aber einfach weg, wollen es gar nicht oder zumindest nicht so genau wissen, wie der Einzelne seine privaten Beziehungen gestaltet. Darunter gibt es jene, die sagen, dass man es den Betroffenen gegenüber schuldig ist, ihre Privatsphäre zu respektieren. Andere scheuen sich vor den Schritten, die sie vom Kirchenrecht her einleiten müssten, würden sie von dem wahren Stand einer Beziehung – etwa zwischen einem Priester und seiner Freundin – Kenntnis haben.

Das führt dann zu Situationen, dass von amtlicher Seite her – offiziell zumindest – eine bestimmte Lebensform erwartet oder auch gefordert wird, bei näherem Hinsehen man aber feststellen muss, dass man es dann doch nicht so ernst nimmt und über manches, vielleicht auch vieles, einfach hinwegsieht. Auch weil man sich als Verantwortlicher zwar in der Pflicht sieht, nach außen hin etwas einzufordern, weil es die kirchlichen Anordnungen verlangen, man selbst aber nicht wirklich oder nur halbherzig dahintersteht. Das verursacht Unsicherheit, Verwirrung, da und dort auch Ärger, zum Beispiel bei ehemaligen

Priesteramtskandidaten, die sich für die Ehe und Kinder entschieden haben und deshalb Pastoralassistenten oder Diakone geworden sind und sich darüber ärgern, wenn sie den Eindruck gewinnen, dass bei Priestern scheinbar toleriert wird, dass sie in partnerschaftlichen Beziehungen leben.

Dann gibt es jene Verantwortlichen, die um die Situation und die Probleme, die damit einhergehen, wissen und aus Sorge um ihre Mitarbeiter es für wichtig erachten, sich ihrer Situation anzunehmen. Sie merken sehr bald oder wissen längst, dass sie sehr schnell an ihre Grenzen kommen, wenn es darum geht, grundsätzlich etwas an der Situation zu verändern, zum Beispiel es Priestern selbst zu überlassen, für welchen Lebensstil sie sich entscheiden wollen, Mitarbeitern, deren Ehe gescheitert ist, mit einer Wiederverheiratung eine zweite Chance als kirchliche Mitarbeiter einzuräumen, homosexuellen Personen einen selbstverständlichen Platz als kirchliche Mitarbeiter zuzugestehen usw. Sie suchen nach »Notlösungen«, gewähren Ausnahmeregelungen, indem sie unter Berücksichtigung der konkreten Umstände und individueller Gesichtspunkte Regelungen treffen, die sie für die Betreffenden als angemessen erachten, auch wenn sie den kirchlichen Vorschriften nicht entsprechen.

Eugen Drewermann und das Recollectiohaus

Ich habe großen Respekt vor Eugen Drewermann, und ich meine verstehen zu können, dass er sich nach allem, was ihm angetan worden ist, von der Kirche verabschiedet hat. Als wir mit dem Recollectiohaus starteten, äußerte er sich sehr skeptisch gegenüber unserer Arbeit. So meinte er in einem Brief an eine Kursteilnehmerin:

»Ich zweifle nicht daran, dass in Münsterschwarzach manch Positives geschieht, aber eine begrenzte Fragestellung erlaubt nur eine begrenzte Antwort. Es wird z. B. unter den gegebenen Rahmenbedingungen der Kirche völlig unmöglich sein, Priester, die sich ehrlich und verständig in eine Frau verliebt haben, darin zu unterstützen, ihrem Weg zu folgen – gegen die Kirche und gegen ihren Eid als Priester. Es wird unter den gegebenen Bedingungen unmöglich sein, Priester, die homosexuell sind, darin zu unterstützen, dass sie so leben, wie sie sind – gegen die Rahmenbedingungen der katholischen Kirche. Was also, frage ich mich, passiert in Münsterschwarzach, außer dass man versucht, den Leuten klarzumachen, sie hätten ihre Gefühle gefälligst zu neutralisieren, damit sie mit der Kirche klarkommen. Es ist nicht möglich, in kirchlicher Trägerschaft die Menschen zu ermutigen, gegen die Kirche aufzustehen. Aber genau das ist oft genug nötig, wenn und weil die Strukturen dieser Kirche Menschen unterdrücken.«

Als ich vor vielen Jahren zufällig auf dem Wiener Westbahnhof Eugen Drewermann begegnete, kam er sehr schnell auf seine Vorbehalte gegenüber dem Recollectiohaus zu sprechen. Er sprach von einer Welt der Illusion, die wir uns da aufgebaut hatten. Meiner Einladung, uns im Recollectiohaus in Münsterschwarzach zu besuchen, hielt er entgegen, in der Diözese Würzburg Redeverbot zu haben. Ich sagte ihm daraufhin, dass ihn niemand in der Welt daran hindern könne und werde, zu uns ins Recollectiohaus zu kommen, um mit uns zu reden. Doch er blieb bei seiner Meinung. Ich sah in das Gesicht eines Mannes, der ohne eine Spur von Herzlichkeit mit unbeweglichem Gesichtsausdruck auf mich starrte. Wir beendeten das Gespräch. Mir kam es vor wie eine Begegnung der anderen Art.

Ich hatte mich damals über die Äußerungen von Eugen Drewermann geärgert. Ich finde sie überzogen, unangebracht, einseitig. Ich habe in all den Jahren, die ich im Recollectiohaus gearbeitet habe, die Erfahrung gemacht, dass wir vielen, ja, den meisten Männern und Frauen, die zu uns kamen, helfen konnten, authentisch zu sein, mehr ihrer eigentlichen Berufung gemäß zu leben, neue Freude in ihrem Beruf und ihrer Arbeit zu erleben. Wir haben uns immer auch als eine kirchliche Einrichtung verstanden, unsere Arbeit auch als Dienst für die Männer und Frauen, die in der Kirche und für die Kirche arbeiten, gesehen. Wir haben uns aber nie als verlängerter Arm eines Bischofs oder einer Oberin oder sonst eines Vorgesetzten verstanden. Es wäre der Tod unserer Arbeit und unserer Einrichtung gewesen. In der Regel haben das auch die Verantwortlichen so verstanden, da sie wussten, wir können den Männern und Frauen, die zu uns kommen, nur dann wirklich helfen, wenn diese spüren, dass es uns darum geht, ihnen zu helfen, noch mehr als bisher mit ihrem seelischen und spirituellen Potenzial in Berührung zu kommen und für ihr Leben, ihr privates und berufliches, nutzbar zu machen.

Viele der Männer und Frauen, unter ihnen viele Priester, die zu uns kamen, gingen gestärkt in ihren Dienst zurück, bereichert um Einsichten und Fertigkeiten, die es ihnen ermöglichten, noch mehr als bisher ihr Charisma in ihren Dienst einzubringen und bei aller Sorge und Hingabe für die anderen, die Kennzeichen für ihren Dienst sind, die Sorge um sich selbst nicht zu vernachlässigen. Für manche war es wichtig, entscheidende Korrekturen in ihrem Leben vorzunehmen, um wahrhaftiger zu leben, Gott und ihrer Seele gegenüber treu zu sein, auch wenn das mit schmerzhaften Entscheidungen verbunden war und nach außen hin als eine Abkehr von einem einmal eingegangenen als richtig erachteten Weg erschien.

Dass die Not, die wir sehen, uns nicht kaltlässt, dass wir immer wieder auch unsere Stimme erheben und auf Entwicklungen und Verhaltensweisen aufmerksam machen, die mit dazu beitragen, dass kirchliche Mitarbeiter und Mitarbeiterinnen an ihre Grenzen, in eine Zerreißprobe geraten, darf man uns nicht verdenken. Wir haben neben mancher Kritik dafür auch viel Unterstützung durch Bischöfe, Vorgesetzte, Personalchefs erhalten, die uns guttat und uns gestärkt hat.

Von der Baustelle und dem Feldlazarett

Papst Franziskus hat die Kirche mit einem Feldlazarett nach einer Schlacht verglichen. »Man muss einen schwer Verwundeten nicht nach Cholesterin oder nach hohem Zucker fragen. Man muss die Wunden heilen« (Franziskus 2013, 10). Pater Meinrad, der von Anfang an mit im Recollectiohaus arbeitet, vergleicht die Arbeit, die wir hier leisten, mit einer Baustelle. Das ist ein treffendes Bild. Hier wird ständig gebaut, umgebaut, angebaut, ausgebaut. Hier kann man sich nicht einfach zur Ruhe setzen, sich wohnlich einrichten. Hier sieht es aus wie auf einer Baustelle. Da stehen Baugeräte herum, mal ist es schmutzig, zuweilen geht es laut her.

Dieses Bild lässt sich auch auf die Kirche übertragen. Sie ist auch nie fertig. Es ist nicht nur eine Freude, sich dort aufzuhalten. Sosehr die Kirche für andere als Lazarett zur Verfügung steht, so sehr bedarf sie aber auch zuweilen selbst der Behandlung, der Pflege und Heilung in einem Lazarett. Ich habe viel Schönes, Wunderbares in der Kirche, vor allem in den Menschen, die in der Kirche und für die Kirche arbeiten oder zu ihr gehören, entdecken dürfen. Ich bin aber auch auf viel Krankes, Unerlöstes, Erstarrtes gestoßen. Die Kirche an sich ist für mich kein Patient. Aber es ist vieles krank in ihr, manches, so finde ich, so krank, dass wenig Hoffnung auf Heilung besteht und es wohl sterben muss, damit Neues gedeihen kann.

Ich habe Eugen Drewermann erwähnt. Ich teile nach wie vor nicht seine Prognose, nach der die Kirche, wenn ich ihn richtig verstehe, dem Tod geweiht ist, auch weil sie therapieresistent und uneinsichtig ist. Ich muss aber gestehen, dass ich das Ausmaß von kranken bzw. krank machenden Strukturen in der Kirche so nicht erwartet hätte. Mir ist bei allem Gottvertrauen deutlich geworden, wie begrenzt die Möglichkeiten, geschweige denn unsere Möglichkeiten im Recollectiohaus, gar meine, sind, hier etwas zu verändern.

Ich bedaure es sehr, dass gegenwärtig bei uns im deutschsprachigen Raum, aber auch in anderen Teilen Europas und inzwischen auch in den USA das Interesse am Priesterberuf, aber darüber hinaus auch am kirchlichen Dienst überhaupt gegen null geht. Ich habe viele wunderbare Priester, Seelsorger und Seelsorgerinnen im Laufe meines Lebens und auch meiner Tätigkeit im Recollectiohaus kennenlernen dürfen. Es waren und sind Frauen und Männer, die von Gott beseelt sind, die durch ihr Auftreten und ihre Ausstrahlung etwas von der Menschenfreundlichkeit Gottes vermitteln. Es sind Seelsorger und Seelsorgerinnen, die da sind, um die anderen zu sehen, für sie da zu sein, sie zu bestärken, sie aufzurichten. Ja, es sind die Seelsorger, »die durch ihre Nähe und Zugänglichkeit das Herz der Menschen (Franziskus 2016, 28) erwärmen«.

Die Bischöfe, Priester, kirchlichen Mitarbeiter einer solchen Kirche aber müssen mit den Menschen, für die sie da sind, »in die Nacht hinabsteigen können, in ihr Dunkel, ohne sich zu verlieren. Das Volk Gottes will Hirten und nicht Funktionäre oder Staatskleriker« (Franziskus 2013, 10). Die Menschen, die Christen, wollen in der Mehrheit sicher keine Funktionäre, geschweige denn Staatskleriker, sie wollen aber auch nicht unbedingt Hirten, wobei ich sehr wohl zu würdigen weiß, was der Papst in Abhebung zu den Funktionären damit sagen will. Sie wollen Priester, die da sind, um sie zu sehen, für sie da zu sein, die schon einmal sich die Zeit dafür nehmen, die anders ticken als die anderen professionellen Helfer und Helferinnen, die das gängige System des *do ut des*, ich gebe, damit du gibst, durchbrechen. Die vor allem aber, ohne Wenn und Aber darauf aus sind, Gott, der die Liebe ist, Wirklichkeit werden zu lassen. Sie wollen eine Kirche, »die ihr Innerstes wiederentdeckt, ihre mütterliche Barmherzigkeit« (Franziskus 2016, 75). Wir im Recollectiohaus versuchen, für die Priester, Ordensleute, kirchlichen Mitarbeiter und Mitarbeiterinnen solche Seelsorger und Seelsorgerinnen zu sein, und hoffen, damit unseren Beitrag geleistet zu haben und zu leisten für eine Kirche, »die ihr Innerstes wiederentdeckt, ihre mütterliche Barmherzigkeit«.

Der Missbrauchsskandal

»Es ist wie ein Weinen in der Welt,
als ob der liebe Gott gestorben wäre«

Mannheim, im Februar 2016. Ich sitze im Institut für seelische Gesundheit mit Mitgliedern der Forschungsgruppe zusammen, die im Auftrag der deutschen Bischofskonferenz, unter der Leitung von Professor Harald Dreßing, den sexuellen Missbrauch innerhalb der katholischen Kirche so transparent wie möglich aufarbeiten soll. Es ist der zweite Versuch, nachdem die versuchte Aufarbeitung durch den Kriminologen Christian Pfeiffer vorzeitig beendet wurde.

Eigentlich wollte ich mich nicht mehr mit »diesem Thema« befassen, weil ich mich lange genug, vielleicht auch zu lange, damit befasst habe oder auch damit befassen musste. Jetzt bin ich aber der Einladung von Professor Dreßing gefolgt, um mit seinem Team über meine Erfahrungen mit Opfern und Tätern zu diskutieren und mögliche Formen der Zusammenarbeit zu sondieren.

Im Verlauf unseres Gespräches zitiert ein Mitarbeiter des Instituts die Dichterin Else Lasker-Schüler mit den Worten: »Es ist wie ein Weinen in der Welt, als ob der liebe Gott gestorben wäre.« Treffender können Worte es nicht ausdrücken, wenn es darum geht, einen Eindruck, ein Gespür, eine Situation zu beschreiben, die den Missbrauchsskandal zu charakterisieren vermag, der die katholische Kirche heimgesucht hat. Ein Skandal, den die Kirche, darunter Vertreter ihrer Führungsschicht, entscheidend mit verursacht hat.

Während ich hier in Mannheim diskutiere, tauchen viele alte Erinnerungen auf, die ich mit dem Thema sexueller Missbrauch Minderjähriger verbinde: Begegnungen mit Opfern, die mich zutiefst erschütterten; Begegnungen mit Tätern, die mich an die Grenzen meiner Empathie verwiesen; Telefongespräche und Briefaustausch mit Personalverantwortlichen und Bischöfen, die hilflos waren, manche nahe der Verzweiflung; unzählige Interviews mit Vertretern und Vertreterinnen der Presse, des Rundfunks und Fernsehens, die ich einerseits für wichtig, andererseits aber auch als sehr herausfordernd und spannungsreich erlebte. Das hatte auch damit zu tun, weil ich versuchte, wo es nötig war, klar zu antworten, zugleich aber auch darauf bedacht war, Einseitigkeiten zu vermeiden.

Mit dem Missbrauchsskandal komme ich auf einen Bereich zu sprechen, der auch mit meinen Erfahrungen in der Kirche zu tun hat und der in diesem Zusammenhang für mich mit zu den größten Herausforderungen zählt. Sexueller Missbrauch ist immer furchtbar. Wenn er aber in den Reihen derer geschieht, die glauben, gerade auch im moralischen Bereich sich über andere erheben zu können, sich mit der Aura des Heiligen umgeben und das noch dazu missbrauchen – siehe Priester, die Minderjährige missbrauchen –, um ihrem verwerflichen Begehren Nachdruck zu verleihen, ist das noch abstoßender.

Mir gegenüber sitzt Patrik Schwarz, Redakteur bei der ZEIT, zuständig für die Bereiche Politik und Kirche. Wir befinden uns mitten im Missbrauchsskandal, der die katholische Kirche bis ins Mark erschütterte. Patrik Schwarz will mit mir ein Interview über das Zölibat machen. So hatte er es mir angekündigt. Doch erst jetzt sagt er mir, sein Beitrag solle im Rahmen eines ZEIT-Dossiers zum Thema des sexuellen Missbrauchs in der katholischen Kirche erscheinen.

Ich hatte zuvor – und habe danach noch – unzählige Anfragen von Funk, Fernsehen und Presse, darunter auch eine Interviewanfrage von Peter Wenierski vom Spiegel, mich zum sexuellen Missbrauchsskandal in der katholischen Kirche zu äußern, abgelehnt, weil ich die Einrichtung, in der ich arbeitete – das Recollectiohaus, aber auch die Abtei Münsterschwarzach selbst –, aus den Schlagzeilen heraushalten wollte. Abt Michael, der besorgt war um das Image der Abtei, hatte ich zugesagt, dass ich mich mit öffentlichen Äußerungen zurückhalten werde. Auch mit dem damaligen Vorsitzenden der deutschen Bischofskonferenz Robert Zollitsch hatte ich abgesprochen, mich vorerst nicht öffentlich zu dem Thema zu äußern. Er selbst, so sagte er mir bei dem Telefongespräch, das wir führten, wolle sich erst bei der nächsten Bischofskonferenz dazu äußern. Das tat er dann auch und entschuldigte sich bei dieser Gelegenheit im Namen der Kirche bei den Opfern.

Ich erwähne die Begegnung mit Patrik Schwarz von der ZEIT, weil er mir in diesem Gespräch klarzumachen versuchte, dass wir – und damit meinte er die Angehörigen der Kirche, die sich mit diesem Thema befassen – in dieser schwersten Krise der katholischen Kirche in jüngster Zeit, uns nicht vornehm mit Rücksicht auf unser Renommee heraushalten könnten. Irgendwie musste ich ihm recht geben. Dazu kommt: Die Rücksichtnahme auf das Recollectiohaus und die Abtei, so wurde mir mit der Zeit deutlich, war wohl auch nur *ein* Grund für die Zurückhaltung, die ich mir auferlegt hatte. Es gab und gibt sicher auch noch andere. Auf einige will ich näher eingehen.

Mangel an Transparenz

In der katholischen Kirche fehlte es vielfach an der Offenheit und Toleranz, gar Ermutigung, ehrlich über vorhandene Probleme zu reden. Da hat sich seit Papst Franziskus etwas geändert und es ist zu hoffen, dass diese Veränderung voranschreitet und wirklich alle Kreise der Kirche erfasst. Doch so weit sind wir noch lange nicht. Dieser Mangel an Transparenz betrifft in besonderer Weise Tabuthemen wie Sexualität, Homosexualität, die Stellung von Frauen in der Kirche, klerikale Strukturen in der Kirche und, wenn auch nicht mehr so stark wie früher, das Zölibat. Wer diese Dinge dennoch ansprach, musste mit Sanktionen rechnen, wer gar unangenehme Wirklichkeiten benannte, wie etwa die unverantwortliche Art und Weise, mit der manche Bischöfe in Fällen von sexuellem Missbrauch durch

kirchliche Mitarbeiter vorgingen, lief Gefahr, als Nestbeschmut-
zer beschimpft zu werden.

Diese Tabuisierung von heiklen Themen und die Weigerung,
die innerkirchlich vorgetragene Kritik ernst zu nehmen, führt
dazu, dass die eigenen kirchlichen Leute, die um die Probleme
wissen, sich zurückhalten, bis dahin, dass sie es irgendwann
einfach lassen, auf die Missstände aufmerksam zu machen. Das
motiviert nicht unbedingt, die Dinge, die im Argen sind, zu
benennen. Lässt man sich davon beeindrucken oder auch unter
Druck setzen, fällt innerkirchlich eine Stimme aus, die zu hören,
die Verantwortlichen in der Kirche ein Interesse haben müssten,
um sich den Problemen zu stellen, mögliche Krisen verhindern
oder ihnen angemessen begegnen zu können. Die so notwendige innerkirchliche Kommunikation findet nicht statt, und erst
wenn das Kind in den Brunnen gefallen ist, besinnt man sich
vielleicht der Ressourcen, die eigentlich zur Verfügung gestanden hätten.

Angst, der Wirklichkeit ins Angesicht zu schauen

Meine Erfahrung ist, dass man in der katholischen Kirche der
Wahrheit und Realität oft nicht ins Angesicht schauen will. Auch
hier wieder vor allem der unangenehmen, mitunter garstigen
Wirklichkeit. Die Missbrauchsskandale in den USA und Kanada
in den 1990er-Jahren und Anfang 2000 hätten die Verantwortlichen in Deutschland alarmieren müssen, aber – es gab Ausnah-
men – die Reaktion darauf war eher halbherzig, auch wenn die
Leitlinien der deutschen Bischofskonferenz aus dem Jahre 2002
ein erster wichtiger Durchbruch waren, da damit die Vorgehensweise in Fällen sexuellen Missbrauchs durch Priester nicht
länger den einzelnen Bistümern überlassen wurde.

Ich hatte mich schon lange vor dem großen Missbrauchsskandal in Deutschland mit dem Thema sexueller Missbrauch
Minderjähriger in der Kirche auseinandergesetzt. Durch meine

Arbeit im Recollectiohaus war ich mit Opfern und Tätern in Kontakt gekommen. Meine Verbindungen zu Einrichtungen in den USA, in denen pädophile beziehungsweise ephebophile Priester behandelt wurden, haben mir dabei sehr geholfen. Zusammen mit Stephen Rossetti gab ich 1996 zwei Bücher zu dem Themenbereich heraus, und bereits 1995 ging ich in einem großen Beitrag in der *Herder Korrespondenz* auf die Thematik ein. In einem Essay aus dem Jahre 2002, der der Bischofskonferenz vorlag und auch in der Süddeutschen Zeitung veröffentlicht worden war, unterbreitete ich einige Vorschläge, wie sich die Kirche in Deutschland in Fällen sexuellen Missbrauchs verhalten sollte. Das führte auch dazu, dass es trotz einiger Widerstände einzelner Bischöfe in einem zweiten Anlauf zur Verabschiedung von Leitlinien kam, die, wie erwähnt, vorgaben, wie die Diözesen in Fällen von sexuellem Missbrauch vorgehen sollen und müssen.

Ich hatte wiederholt davor gewarnt, das Problem, das wir in unserer deutschen Kirche damit haben, im Vergleich zu dem Ausmaß des sexuellen Missbrauchs in den USA nicht kleinzureden. Als ich konkrete Zahlen nannte, hörte man das nicht gerne. In einem Spiegel-Interview würdigte Kardinal Uhmann zwar meine Arbeit, die, so meinte er, ja zeige, dass die Kirche sich um diese Themen kümmerte, relativierte aber meine Zahlenangaben, die von zwei bis zu vier Prozent der Priester als potenzielle Täter ausgingen.

Die Bedeutung der Presse

Es bedurfte des Einsatzes der Presse – man muss das der Ehrlichkeit halber so sagen –, um die Verantwortlichen in der Kirche dazu zu bringen, den besagten Missständen die notwendige Aufmerksamkeit zu schenken, sie zu beachten und Konsequenzen daraus zu ziehen. Es war unbestritten schmerzvoll für viele innerhalb der Kirche, zum Zeitpunkt des Höhepunktes des Missbrauchsskandals täglich mit furchtbaren Vorkommnissen im kirchlichen Bereich konfrontiert zu werden. Es bedurfte aber dieser Öffentlichkeit, dieses zum Teil schonungslosen Einblickes in eine Realität, die auch zum kirchlichen Lebensalltag gehört, bisher aber wie in eine Dunkelkammer eingesperrt worden war, um sich endlich dieser Wirklichkeit zu stellen.

Manchmal hatte man als »Kirchlicher« den Eindruck, dass es die Journalisten waren, die endlich die Wahrheit aussprachen, *sie* die eigentlichen Propheten waren, die mit der Schelle in der Hand auf Missstände in der Kirche hinwiesen. Ich hatte in diesen Tagen auch mit vielen Journalisten gesprochen, bei denen ich, bei aller Kritik an der Kirche und bei allem Entsetzen über die Missbrauchsfälle und das Verhalten durch Verantwortliche in der Kirche, Sympathie für die Kirche entdeckte, deren auch gesellschaftliche Bedeutung, ihre sinnstiftende Aufgabe, ihr soziales Engagement und ihre Möglichkeiten, Menschen zusammenzuführen, von ihnen geschätzt wurde. Sie bedauerten den Bedeutungsverlust der Kirche in diesen Bereichen.

Während ich meine Arbeit an diesem Manuskript abschließe, läuft in den Kinos der Film *Spotlight*, der auf eine eindrucksvolle Weise aufzeigt, welch wichtige Rolle Journalisten bei der Aufdeckung von sexuellem Missbrauch innerhalb der Kirche spielten. Als ich mir den Film ansah, musste ich zwischendurch mit den Tränen kämpfen, da mir noch einmal vor Augen geführt wurde, wie viele Kinder und Jugendliche zu Opfern sexuellen Missbrauchs innerhalb der Kirche wurden und wie lieblos und klerikal meine Kirche sich verhielt. Auch kam ich noch einmal in Berührung damit, wie sehr mir diese ganze Situation, die ich hautnah miterlebt habe, zugesetzt hat und bis heute zusetzt.

Nichts gesehen, nichts gehört, nichts gesagt

Als ich im Mai 2010 auf dem Ökumenischen Kirchentag in München bei einer Podiumsdiskussion vor einigen Tausend Menschen und einem großen Aufgebot der Presse angesichts

des Missbrauchsskandals in der katholischen Kirche struktu-
relle Veränderungen in der katholischen Kirche anmahnte, war
dem eine schlaflose Nacht vorausgegangen. Mir war sehr wohl
bewusst, dass meine Worte zwar vielen aus dem Herzen sprechen würden, bei anderen aber auf Widerspruch treffen und
Enttäuschung auslösen würden. Ich hatte lange an meinen Worten gefeilt, mir lange überlegt, was ich sage, bis sich irgendwann
eine innere Gewissheit einstellte: So werde ich es sagen – sei es
gelegen oder ungelegen.

Dann war es so weit. Ich traf im Vorfeld auf Bischof Ackermann und P. Klaus Mertes, die ebenfalls an der Podiumsdiskussion teilnahmen. Es kam bei der Veranstaltung gleich zu Beginn
zu einem Eklat, als ein Missbrauchsopfer nach vorne stürzte
und lautstark kritisierte, dass kein Vertreter der Opfer zu der
Podiumsdiskussion mit eingeladen war. Ich kam mit meinem
Statement nach Klaus Mertes an die Reihe. Ich nahm all meinen Mut zusammen und sagte, als Antwort auf die Frage: *Nichts
gesehen, nichts gehört, nichts gesagt*, die als Motto über der Veranstaltung stand:

*Nein, meine Damen und Herren, liebe Mitchristen und Mitchris-
tinnen: Ich will hinschauen, hinhören, nicht schweigen. Ich will der
Wahrheit ins Gesicht schauen.* »*Gibt es Themen, bei denen wir als
Kirche sprachlos sind? Sprachlos, weil wir uns gefährden, wenn wir
darüber sprechen? Sprachlos, weil die auszusprechende Wahrheit zu
bitter, zu unschön ist?*«, *fragt Pater Mertes.*

*O ja! Natürlich gibt es solche Themen. Und wollen wir die au-
genblickliche Situation wirklich ernst nehmen, müssen wir die Themen benennen, denen wir bisher ausgewichen sind. Ich will meinen
Beitrag dazu leisten, indem ich einige Konsequenzen aufzeige, die
sich nach meiner Ansicht aus der gegenwärtigen schweren Krise der
katholischen Kirche für ihre Priester, aber auch für die Kirche selbst,
ergeben. Ich tue das auf dem Hintergrund von drei Risikofaktoren,
die unter anderem bei sexuellem Missbrauch im kirchlichen Bereich
eine besondere Rolle spielen.*

1. Risikofaktor: Die Tatsache, ein Mann zu sein
Als ich das in dieser Deutlichkeit zum ersten Mal hörte, schoss mir der Gedanke durch den Kopf: Wenn es sich so verhält, würde sich das Problem sexuellen Missbrauchs durch Priester vielleicht dadurch lösen, dass man in Zukunft nur noch Frauen zu Priesterinnen weiht? Natürlich wäre das keine Lösung des Problems. Auch, weil ein Unrecht nicht durch ein anderes Unrecht wettgemacht werden kann und dadurch viele wunderbare Männer der Kirche als Priester verloren gingen.

Und dennoch – jetzt aus einer psychologischen Sicht betrachtet: Von einer Priesterschaft, die aus Männern und Frauen bestünde, ginge eine andere Ausstrahlung aus. In einer solchen Priesterschaft hätte die Sexualität einen anderen Stellenwert, würde sie sich auch in ihrer weiblichen Ausprägung zeigen.

Eine solche Priesterschaft und dann auch Priesterinnenschaft würde auch für so manchen nicht länger attraktiv sein, der sich jetzt noch auch aus mitunter recht fragwürdigen Gründen in der augenblicklichen monosexuellen Gruppe der Priester wohlfühlt.

Dazu kommt: Da nur Männer Priester werden können, besteht die Führungsschicht der katholischen Kirche nur aus Männern. Und ohne die Integrität vieler Männer in der Kirche, die Verantwortung haben, grundsätzlich in Zweifel ziehen zu wollen, darf und muss die Frage erlaubt sein: Stünden wir als katholische Kirche heute vielleicht anders da, hätten auch die Frauen in den vergangenen Jahren und Jahrzehnten an verantwortlicher Stelle mitentscheiden können, wie im Falle sexuellen Missbrauchs vorzugehen ist?

2. Risikofaktor: Sexuell unreife homosexuelle Männer
Ich betone: sexuell unreife *homosexuelle Männer. Bei über 80 Prozent der Opfer sexuellen Missbrauchs durch Priester handelt es sich um männliche Kinder beziehungsweise Jugendliche.*

Kann man daraus schlussfolgern, dass homosexuelle Priester in besonderer Weise anfällig sind für pädophiles Verhalten? Generell kann man das nicht. Vielmehr muss man davon ausgehen, dass der Anteil sexuell unreifer homosexueller Priester unter den homosexuellen Priestern, die ja ohnehin eine starke Gruppe unter den Priestern ausmachen, überdurchschnittlich hoch ist und diese Gruppe von sexuell unreifen homosexuellen Priestern für pädophiles und ephebophiles Verhalten besonders anfällig ist. Diese homosexuellen Priester haben die notwendige Auseinandersetzung mit ihrer Sexualität und Homosexualität unterlassen. Die Folge davon ist, dass ihre sexuelle Entwicklung auf der Strecke geblieben und die Gestaltungsfähigkeit ihrer Sexualität beeinträchtigt bleibt. Diese Vermeidungshaltung dürfte durch eine nach wie vor vorhandene Tabuisierung von Homosexualität im kirchlichen Kontext noch verstärkt werden.

Diese Situation wird noch verschärft, wenn von Rom verlangt wird, in Zukunft nicht länger homosexuelle Männer zu Priestern zu weihen. Ich sehe die Gefahr, dass jene, die homosexuell sind und Priester werden wollen, noch mehr als bisher ihre wirkliche Orientierung verbergen, die notwendige Auseinandersetzung mit ihrer Homosexualität nicht stattfindet. Dadurch wird das Risiko, später als Priester ein unreifes sexuelles Verhalten an den Tag zu legen, meiner Meinung nach noch vergrößert.

Das aber heißt: Es gilt – auch seitens der Kirche – alles zu vermeiden, was es homosexuellen Menschen erschwert, zu ihren homosexuellen Gefühlen zu stehen. Homosexuelle Gefühle sind nicht weniger echt, nicht weniger menschlich, nicht weniger wertvoll als heterosexuelle. Erst die Annahme der homosexuellen Gefühle bahnt den Weg zur psychosexuellen Reife und schließlich zu echter Liebe, auch homosexueller Liebe, deren Pathologisierung, so der verstorbene Kardinal Hume, durch keine Heilige Schrift gerechtfertigt werden kann.

Was die homosexuellen Priester betrifft, so gilt: Sosehr es nicht gerechtfertigt wäre, nur noch Frauen zu Priestern zu weihen, weil ein Mann zu sein ein erhöhtes Risiko für sexuellen Missbrauch sein kann, so sehr ist es auch nicht gerechtfertigt, in Zukunft keine homosexuellen Männer mehr zu Priestern zu weihen, weil sexuell unreife homosexuelle Männer ein erhöhtes Risiko für sexuellen Missbrauch sein können. Das aber wäre ein großer Verlust für die Kirche. Die

Kirche müsste dann in Zukunft auf so wunderbare Priester wie zum Beispiel Henri Nouwen verzichten.

3. *Risikofaktor: Defizite im Bereich der Beziehungsfähigkeit und der Erfahrung von Intimität*

Hier stellt sich die Frage, ob es einen Zusammenhang gibt zwischen dem sexuellem Missbrauch Minderjähriger durch Priester und dem Zölibat. Eine direkte Verbindung zwischen Zölibat und sexuellen Missbrauch in dem Sinne, dass der Zölibat die Ursache für sexuellen Missbrauch Minderjähriger ist, lässt sich nicht nachweisen. Wer pädophil veranlagt ist und seine Veranlagung ausleben möchte, den schützt weder der Zölibat noch die Ehe davor, das zu tun.

Auf der anderen Seite gibt es neben den pädophil veranlagten Priestern nicht wenige Priester, die nicht pädophil veranlagt sind, aber aufgrund ihrer psychosexuellen Unreife pädophil handeln. Das eigentliche Problem ist hier also eine emotionale – und da auch sexuelle – Unreife, die sich dann auch in der Unfähigkeit zu tiefen Beziehungen und erwachsener Intimitätserfahrung zeigt.

Diese Priester haben Schwierigkeiten, sich mit gleichaltrigen Männern und Frauen auf eine gleichberechtigte tiefe Beziehung einzulassen. So suchen sie die Nähe von bedürftigen Kindern bzw. Jugendlichen, bei denen sie weniger Angst haben, zurückgewiesen zu werden, bei denen sie mit Bewunderung rechnen und die sie kontrollieren können. Sie verfügen in der Regel über wenig Einfühlungsvermögen gegenüber ihren Opfern und sind nicht in der Lage, die Intimsphäre eines anderen Menschen zu respektieren.

Will man weiterhin an der Verbindung von Priesteramt und Zölibat festhalten, muss man daher noch gründlicher als bisher darauf schauen, ob bei den Kandidaten für das Priesteramt die psychischen Voraussetzungen gegeben sind, dass die zölibatäre Lebensform Ausdruck einer reifen Entscheidung ist und auf eine gesunde, verantwortungsvolle und lebensbejahende Weise gelebt werden kann.

Das aber wird zur Folge haben, dass der Kreis von Männern, die dafür infrage kommen, noch kleiner sein wird als bisher. Denn diese Lebensform setzt, ohne die Ehe herabzusetzen, gerade in dem

Bereich, in dem es um die Befähigung zur Intimität und den verant-
wortungsvollen Umgang mit der Sexualität, die nicht genital sexuell
gelebt und ausgelebt werden darf, eine Reife und letztlich auch ein
Charisma voraus, die bei vielen so nicht gegeben sind.

Doch ist das tatsächlich die Lösung? Aus einer psychologischen
Betrachtungsweise ginge von einer Priesterschaft, die zölibatäre
und verheiratete Priester einschließt, eine positive Wirkung aus.
Der ganze Bereich des Sexuellen und der Intimität hätte dann einen
selbstverständlichen Platz innerhalb der Priesterschaft.

Für eine Entkoppelung von Priesteramt und Zölibat spräche
auch, dass die Priester, die angetreten sind mit der Absicht, zöliba-
tär zu leben, es dann aber doch nicht tun beziehungsweise sich nicht
dazu in der Lage sehen, nicht länger vor der Alternative stehen, ent-
weder ihr Priesteramt zu verlassen oder im Amt zu bleiben und im
Geheimen in auch sexuellen Beziehungen zu leben. Ich erwähne das,
weil hier ein entscheidender Lebensbereich dann in einem Dunkel-
raum gelebt wird, die dort praktizierte Sexualität und Intimität sich
nicht wirklich entfalten kann und deswegen in besonderer Weise
auch anfällig ist für psychisch und spirituell ungesunde Verhaltens-
weisen, die das zölibatäre Leben eher verdunkeln und in Misskredit
bringen. Ganz abgesehen davon, dass daraus ein weiteres Glaub-
würdigkeitsproblem der Kirche erwächst.

Will die Kirche diese schwere Krise, die sie augenblicklich im
Zusammenhang mit den Missbrauchsfällen durchlebt, überstehen
und für sich fruchtbar machen, muss sie die Sexualität aus dem
Turm herausholen, in die sie gesperrt worden ist, auch die Sexualität
in ihren eigenen Reihen, wo sie ein unwürdiges Leben fristet, damit
die Sexualität, die im Augenblick in ihrer negativsten Ausprägung
so eng mit der Kirche in Zusammenhang gebracht wird, als das
Geschenk Gottes gesehen und gewürdigt wird, das sie ist.

Viele von uns schauen in diesen Tagen nach Rom, in der Hoff-
nung, dort ein persönliches Wort der Entschuldigung, vielleicht
sogar ein Schuldbekenntnis zu hören. Wenn Papst Benedikt XVI.
in seinem Pastoralbrief an die katholische Kirche in Irland, an die
Opfer gerichtet, schreibt: »*Im Namen der Kirche drücke ich offen*

die Schande und die Reue aus, die wir alle fühlen«, dann sagt er für mich damit allen Opfern sexuellen Missbrauchs durch Priester: »Ich schäme mich dafür und ich bereue das.« Ich hätte mir gewünscht, er selbst hätte das so klar und persönlich formuliert.

Reue ist zugleich die Voraussetzung für Veränderung, für Verwandlung, für Versöhnung, die sich freilich nicht auf einen innerpsychischen Prozess beschränken lassen, sondern in konkreten Handlungen – auch der Wiedergutmachung – niederschlagen müssen. Ob sich die Kirche wirklich auf dem Weg dahin befindet? Ich wünschte es ihr. Vieles von dem, was augenblicklich aufseiten der Kirche geschieht, lässt hoffen.

Allein, meine Damen und Herren, liebe Mitchristen und Mitchristinnen, wirklich hoffen, dass die Kirche sich durch diese Krise wandelt, können wir nur, wenn wir es beim Blick nach Rom nicht bewenden lassen, sondern unseren Blick auf den richten, um den es uns zuallererst geht und der allein der letztendliche Grund unserer Hoffnung ist: Gott.

Gott, den wir in diesen Tagen so wenig zu entdecken glauben in denen, die sich in besonderer Weise als seine Vertreter verstehen und ausgeben. Gott, den wir aber so hautnah und unüberhörbar in den Männern und Frauen entdecken, die Opfer sexuellen Missbrauchs, sexualisierter Gewalt geworden sind: in ihrem Schmerzensschrei, in ihrer psychischen und spirituellen Not. In ihnen begegnen wir Gott als Shekinah, so das hebräische Wort für Gottes frauliche, mitleidende und tröstende Anwesenheit im Menschen, der leidet. Die Wunde ist für Gott das Eintrittstor, über das er bei dem leidenden Menschen einkehrt, um dort bei ihm und in ihm zu wohnen.

Die hörbare, sichtbare, wahrnehmbare, fühlbare Anwesenheit Gottes in den Opfern sexuellen Missbrauchs Minderjähriger durch Priester ist Provokation und Einladung zugleich für die katholische Kirche, sich einem Läuterungsprozess zu unterziehen, an dessen Ende sie selbst freiwillig in die Knie geht, nachdem sie zunächst durch den öffentlichen Aufschrei in die Knie gezwungen worden ist. Um zu einer Kirche zu werden, die der Macht, dem Anspruchsdenken, der Geheimnistuerei entsagt und zu ihrer Menschlichkeit, Schwäche,

Unvollkommenheit und Verwundbarkeit steht. Dann kann auch die Shekinah, Gottes frauliche und mitfühlende Anwesenheit, die wir oft so schmerzlich in der Kirche vermissen, endlich in der Kirche einziehen und dort Wohnung nehmen als leidenschaftliche Liebe und Quelle von Stärkung und Heilung. Genau das ist es, was die Kirche im Moment braucht, zunächst für sich, um dann auch wieder für andere zur Quelle von Stärkung und Heilung werden zu können.

Ich habe wohl noch nie so viel öffentliche Aufmerksamkeit erfahren wie nach diesem Statement. Am nächsten Tag wurde in allen Zeitungen ausführlich über die Podiumsdiskussion berichtet. Nach der Veranstaltung stand ich noch mit Matthias Drobinski von der Süddeutschen Zeitung, Frau Claudia Keller vom Berliner Tagesspiegel und Patrick Schwarz von der ZEIT zusammen, um uns über die Veranstaltung zu unterhalten. Danach traf ich mich mit Freunden und Bekannten, die mich wie einen Helden begrüßten und feierten. Am Abend nahm ich noch an einem Empfang des Herderverlages teil. Dort traf ich auch wieder auf Bischof Ackermann, der an der Podiumsdiskussion teilgenommen hatte und sich den Unmut des Publikums zugezogen hatte, als er die Ausführungen von Klaus Mertes und mir kritisierte, als würden wir mit unserer Forderung nach strukturellen Veränderungen die Opfer nicht angemessen in den Blick nehmen. Ich schätze Bischof Stefan Ackermann sehr, aber in diesem Moment musste ich sehr an mich halten, meiner Empörung über eine solche Aussage nicht Ausdruck zu verleihen. Als Vertreter der deutschen Bischöfe war er nun wirklich nicht in der Position, Klaus Mertes und mir Nachhilfeunterricht geben zu müssen, wie ein angemessener Umgang mit den Opfern sexuellen Missbrauchs durch Priester auszusehen hat. Erzbischof Robert Zollitsch, der zu dieser Zeit auch der Vorsitzende der deutschen Bischofskonferenz war, teilte mir in einem Brief mit, dass nach der Podiumsdiskussion einige Bischöfe ihm gegenüber meinten, dass sie von mir enttäuscht gewesen seien.

Ich sah meine Aufgabe nach dem ökumenischen Kirchentag

vorwiegend darin, mit dazu beizutragen, dass meine verunsicherte Kirche aus dem Skandal lernt, und das Wir-Gefühl als Kirche gerade in dieser schwierigen Zeit zu stärken. Ein Beitrag, den ich für den Rheinischen Merkur schrieb, gibt meine Überlegungen von damals am besten wieder. Darin schrieb ich unter anderem:

Es ist höchste Zeit, dass wir Christen uns darauf besinnen, dass uns etwas miteinander verbindet, wir näher zusammenrücken, uns gegenseitig unterstützen und mehr zusammenhalten müssen. Dass wir uns nicht nur Brüder und Schwestern nennen, sondern es auch wirklich sind. Man getraut sich kaum, das zu sagen, aus Angst, als Frömmler oder naiv abgestempelt zu werden, als jemand zu sein, der die Machtspiele, die Intoleranz, die Unbarmherzigkeit, Oberflächlichkeit und Lieblosigkeit, die unbestritten auch zur Wirklichkeit der Kirche gehören, ausblendet. Nein! Ich weiß, dass die Kirche auch schäbig und alles andere als heilig sein kann und in unseren Reihen ja auch Schlimmes geschehen ist. Dabei geht es nicht nur um den sexuellen Missbrauch Minderjähriger durch Priester und kirchliche Mitarbeiter, sondern auch um den sexuellen Missbrauch Minderjähriger durch Väter, Verwandte und Nachbarn, die Christen sind. Auch sie gehören zur Kirche, gehören zu uns, und ihr Verhalten sollte uns nicht weniger angehen als das der kirchlichen Mitarbeiter.

Uns Christen verbindet etwas. Wir sind nicht nur Teil der Gesellschaft. Da gibt es noch eine andere Qualität von Verbundenheit oder mehr noch Solidarität. Zumindest sollte das so sein. Viele Männer und einige Frauen unserer Führungsschicht, angefangen vom Papst, über Bischöfe und Bischöfinnen, bis hin zu Verantwortlichen in den Kirchenverwaltungen, stehen am Pranger. Manchmal entsteht dabei der Eindruck, als färbe das Verhalten der Täter auf sie selbst ab, als würden sie selbst zu Mittätern gemacht. Sie geraten jedenfalls in deren Dunstkreis. Das aber kann uns als Christen nicht egal sein, muss uns besorgt sein lassen. Verantwortliche in unserer Kirche haben Fehler gemacht, wenn es darum ging, angemessen mit Priestern und kirchlichen Mitarbeitern, die Minderjährige sexuell missbraucht haben, umzugehen. Es ging ihnen oft zunächst darum, das Ansehen der Kirche nicht zu beschädigen. Sie wollten ihre Mitarbeiter nicht fallenlassen. Sie glaubten deren Beteuerungen, dass sie ihr Verhalten bereuen und nicht mehr wiederholen. Zu Unrecht, wie sich in vielen Fällen herausstellte. Ihnen war in der Regel nicht bewusst, dass die Täter krank sind und ihre Beteuerungen nicht mehr wert waren als die Beteuerungen eines nicht trockenen Alkoholikers. Sie haben dabei die oft sehr schwache, verzagte, von zu wenigen anderen Personen mitgetragene Stimme der Opfer überhört, nicht ernst genug genommen. Ihnen muss aber zugestanden werden, dass sie großenteils davon ausgingen, dass die bekannt gewordenen Täter, die ermahnt wurden und Besserung gelobten, ihr Verhalten einstellen würden.

Alle, die so gehandelt haben und heute dazu stehen, auch zu ihren Fehlern, alle, die sagen können, dass sie sich aus heutiger Sicht und Erkenntnis anders verhalten würden, haben ein Anrecht darauf, dass man ihnen vergibt. Ihre Integrität sollte, sofern sie nach bestem Wissen und Gewissen gehandelt haben, nicht in Zweifel gezogen werden. Ihre Verdienste, ihr Einsatz für die Kirche, auch für uns, sollte nicht plötzlich ausgelöscht, ihr bisheriges Leben und Verhalten auf diese Fehlentscheidungen reduziert werden. So sollten wir Christen nicht miteinander umgehen. Wir dürfen die Situation und auch das Verhalten von Teilen unserer Führungsschicht nicht beschönigen. Wir sollen und müssen – auch in den eigenen Reihen – sagen, was nicht in Ordnung war und ist. Doch wir müssen dann wieder aufeinander zugehen und vergeben können.

Die Sünde kommt aus der Kirche selbst, sagte Papst Benedikt XVI. im Zusammenhang mit dem sexuellen Missbrauch. Sosehr sexueller Missbrauch Minderjähriger ein allgemeines gesellschaftliches Problem ist, er ist auch ein kirchliches Problem. Es betrifft zunächst die Priester und kirchlichen Mitarbeiter, die Minderjährige sexuell missbraucht haben. Sie machen sich schuldig. Es betrifft weiter die, die weggeschaut, vertuscht, bagatellisiert haben – in der Führungsschicht der Kirche, in den Familien, der Nachbarschaft, den christlichen Schulen und Internaten. Es betrifft möglicherweise bestimmte kirchliche Strukturen, die Missbrauch, dessen Verharmlosung oder Vertuschung erleichtert haben.

Wir sind augenblicklich in der Kirche an dem Punkt angekommen, an dem wir im Wissen und auf dem Hintergrund der konkreten Erfahrung, dass die Kirche auch schäbig und sündig ist, nicht vergessen dürfen, dass sie sich auch in einem ständigen Erneuerungsprozess befindet. Was gerade geschieht, geschieht auch, wenn sich etwas erneuert.

Was wir zu diesem Erneuerungsprozess als Christen beitragen können, ist – neben anderem –, zu unserer Menschlichkeit zu stehen. Uns einzugestehen, dass bei allen hehren Zielen und Errungenschaften, bei allem Bemühen, heilig zu sein oder heilig zu werden, wir Menschen unzulänglich, unvollkommen, fehlerhaft bleiben. Jeder und jede von uns. Auch der Papst und unsere Bischöfe. Wer gut hinhört, was zum Beispiel der Papst im Zusammenhang mit dem sexuellen Missbrauch in der katholischen Kirche bisher gesagt hat, und wer, wenn er von »wir« spricht, sich ein »ich« dazudenkt, oder wer sich mit der Theologie von Joseph Ratzinger und seiner Spiritualität auseinandergesetzt hat, der kann keinen Zweifel daran haben, dass er keine Probleme damit hat, dazu zu stehen, dass er als Mensch, als Bischof und auch als Papst Fehler gemacht hat und macht, sosehr es das Amt eines Papstes mitunter schwerer machen kann, dazu zu stehen. Diese Erkenntnisse sollten uns alle bescheidener und demütiger machen. Zeigt es uns doch, was uns als Menschen auszeichnet, wir miteinander teilen, egal ob wir Papst, Bischöfin, Priester oder einfacher Christ sind. Wenn wir das nicht nur verstanden, sondern von innen heraus erkannt und akzeptiert haben, wird es uns nicht mehr so schwerfallen, aufeinander zuzugehen, zu vergeben und zu verzeihen.

Gilt das auch für den Priester, den kirchlichen Mitarbeiter, der Minderjährige sexuell missbraucht hat? Hier ist immer wieder von Nulltoleranz die Rede. Nulltoleranz bezieht sich auf die Frage, ob ein Priester, der Minderjährige missbraucht hat, jemals wieder als Priester bzw. Seelsorger tätig sein darf und die Antwort darauf ein eindeutiges »Nein« ist. Dazu gibt es mit Recht unterschiedliche Beurteilungen, die, je nach Schwere und Art des Vergehens sowie nach Veranlagung des Täters, auch andere Schlussfolgerungen zulassen. Nulltoleranz kann weiter so verstanden werden, dass ein solches Verhalten in keiner Weise tolerierbar ist, rundweg abgelehnt und als verwerflich betrachtet wird. Darin dürften sich alle einig sein.

Heißt Nulltoleranz aber auch: Dieser Mensch ist nicht länger tolerabel, muss aus dem Verkehr gezogen werden, gehört nicht mehr zu uns, muss mit Verachtung bestraft werden? Kirchliche Mitarbeiter, die Minderjährige missbrauchen, müssen bestraft werden. Sie müssen für ihr Vergehen und ihre Sünde büßen. Sie müssen weiter wissen und akzeptieren, dass für sie das Leben nach ihrer Tat nicht mehr so weitergehen kann und wird wie bisher. Sie haben anderen, aber auch sich selbst einen großen Schaden zugefügt, denn wer andere missbraucht, missbraucht auch sich selbst, so wie derjenige, der andere bestiehlt oder ermordet, sich selbst bestiehlt oder sich selbst mordet. Denn, so Marie-Louise von Franz, eine Schülerin von C. G. Jung, ein getanes Unrecht wird sich immer auch an unserer eigenen Seele rächen.

Doch auch der Täter gehört weiterhin zu uns. Zur Gemeinschaft der Christen. Das kann zu einer großen Herausforderung für uns werden. Es wird sicher auch vom Verhalten des Täters abhängen, ob und inwieweit uns das gelingt. Da gibt es den Täter, der sein Verhalten bagatellisiert und schönredet, der dem Opfer die Schuld gibt, nicht in Berührung ist mit dem Furchtbaren, das er einem anderen Menschen durch sein Verhalten zugefügt hat, der keine Reue darüber empfindet. Alles in uns bäumt sich in einem solchen Fall dagegen auf, einen solchen Menschen weiterhin als dazugehörig zu betrachten und ihm zu verzeihen. Leichter wird uns das fallen, wenn der Täter zu seiner Schuld steht, sein Fehlverhalten einsieht und wirklich bereut, er Schmerz darüber empfindet. Aber auch dann werden wir an Grenzen stoßen in unserer Bereitschaft und Fähigkeit, den Täter nicht fallenzulassen oder ihm zu vergeben.

Die Kirche, unsere Kirche, befindet sich augenblicklich in einem erbarmungswürdigen Zustand. Als solche ist sie geschwächt und *leicht verwundbar, auch leicht angreifbar. Manche außerhalb und innerhalb der Kirche nutzen das aus. Wir Christen sollten diese Situation unserer Kirche aber nicht ausnutzen, sondern nutzen. In diesem Zustand ist die Kirche formbarer, veränderbarer. Sie ist weicher, empfindsamer und sensibler. Sie zeigt mehr von ihrer Innenseite. Manches Schroffe, Harte, Unbarmherzige und Rechthaberische an ihr tritt in den Hintergrund. Dies aber ermöglicht es, dass das Wesentliche an ihr stärker in den Vordergrund treten kann. Es ist und bleibt, so entstellt sie in der Vergangenheit und in der Gegenwart in der Kirche auch gelebt wird, die Liebe, die Gott selbst ist.*

Das ist unsere Chance. Das wäre zumindest unsere Chance. Wir müssten dann allerdings etwas mehr zusammenrücken. Wir müssten auf manche Privilegien, Statussymbole, manches Anspruchsdenken verzichten, uns wieder mehr auf die bescheidenen Anfänge unserer Kirche besinnen, darauf, dass uns etwas miteinander verbindet. Der Glaube an den Gott Jesu Christi, der, davon sind wir doch überzeugt, uns liebt und durch die Kirche, die Gemeinschaft der Christen, uns, seine Liebe zum Ausdruck bringen möchte.

Rücken wir also enger zusammen. Wir brauchen uns gegenseitig. Vertrauen wir darauf, dass uns diese Krise nicht in den Abgrund führt, sondern in die Tiefe, hin zum Wesentlichen, zur Liebe: »Hätte ich aber die Liebe nicht, so nützte es mir nichts.« *Angesichts einer Wirklichkeit, die so fern solcher Überlegungen und Hoffnung zu sein scheint, klingt das mehr als ideal, vielleicht sogar naiv. Doch welche Existenzberechtigung hätten wir als Kirche, würden wir nicht daran glauben? Halten wir es mit Erasmus von Rotterdam, der meint:* »Ich ertrage meine Kirche und hoffe, dass sie sich bessert. Meine Kirche muss mich ertragen, und ich hoffe, dass ich mich bessere.« *Fangen wir damit an. Am besten bei uns selber. Denn damit fangen wir auch bei der Kirche an. Unserer Kirche.*

Sexualität und Kirche

Die Sexualität vom Gift befreien

Ich bin mir bewusst, dass die katholische Kirche es nicht leicht hat, im Bereich der Sexualität immer die richtigen Worte zu finden, gar den vielfältigen Erwartungen gerecht zu werden, die an sie gerichtet sind. Wenn ich mir in den vergangenen Jahrzehnten viele Gedanken über Sexualität und Kirche gemacht habe, dann auch deshalb, weil mir in meiner eigenen religiösen Erziehung ein eher negatives Bild von Sexualität vermittelt wurde und ich viele Jahre meines Lebens, auch unter großer Not, damit verbracht habe, ohne die Schattenseite der Sexualität zu übersehen, eine positive Einstellung zur Sexualität an sich und dann auch zu meiner Sexualität zu finden.

Dazu kommt: Wenn ich in Gruppen oder bei Vorträgen über das Verhältnis von Kirche, Religion, Spiritualität und Sexualität spreche, ist es oft erschreckend, dabei zu erfahren, wie tief verletzt sich Menschen fühlen von dem, was ihnen durch ihre Kirche oder ihre Vertreter angeblich im Namen Gottes über Sexualität und den persönlichen Umgang mit ihrer Sexualität gesagt worden ist. Gerade Menschen mit einem christlichen oder gar katholischen Hintergrund haben vielfach von vornherein eine irgendwie eher negativ gefärbte Grundeinstellung zu Sexualität an sich und dann auch gegenüber ihrer eigenen Sexualität, als hafte der Sexualität von vornherein etwas Unerlöstes, Unangebrachtes, gar Unanständiges, Unkeusches an. Ja, als habe sie irgendwie ein »Geschmäckle«.

Sie klagen über negativ geprägte Erfahrungen in ihrer Kindheit, die im Zusammenhang mit ihrer sexuellen Entwicklung standen und die es ihnen nahezu unmöglich machen, ein normales und freies Verhältnis zu ihrer Sexualität zu entfalten. Sie wirken zum Teil verbittert, enttäuscht oder sind einfach voller Wut auf eine Einrichtung, die in ihrem Leben, in einer Zeit, in der sie sich nicht wehren konnten, einen so großen seelischen

Schaden angerichtet hat. Sie haben den Eindruck, dass ihnen die Kirche eine Wunde zugefügt habe, indem sie ihnen ein Bild von Sexualität vermittelte, das Sexualität als etwas Schmutziges, Unkeusches darstellte. Das führte dazu, dass sie, wenn sie ihre Sexualität überhaupt leben, diese nicht wirklich genießen können. Sie haben große Probleme, zu ihren sexuellen Bedürfnissen zu stehen oder diese anderen gegenüber zum Ausdruck zu bringen. Ihre negativ getönte Einstellung der Sexualität gegenüber beeinträchtigt ihre Partnersuche und die Pflege inniger und sexueller Beziehungen.

Eine negative Einstellung gegenüber unserer Sexualität kann auch unsere Beziehung zu Gott, unsere religiöse Einstellung und unser spirituelles Leben beeinträchtigen. Negative Erfahrungen mit unserer Sexualität und damit verbundene Schuldgefühle werden dann mit Gott, den wir über die Kirche kennengelernt haben, in Verbindung gebracht. Gott wird als eine Person, als eine Autorität, als eine Macht gesehen, die misstrauisch gegenüber der Sexualität eingestellt ist und vermeintliche Verfehlungen im Bereich des Sexuellen ahndet.

Für viele Menschen haben inzwischen Kirche, Theologie, Spiritualität auf der einen Seite und Sex, Sexualität und Eros auf der anderen Seite nichts miteinander zu tun. Andere haben sich befreit von dem, was Kirche und Theologie über Sexualität sagen, da es ihre Sichtweise von Sexualität und einhergehend auch ihr Verhalten negativ beeinflusste. Oder aber sie leiden weiterhin unter den Folgen dieses, wie sie es erleben, negativen Einflusses der Kirche auf ihre Einstellung zur Sexualität und ihren Umgang damit.

Die menschliche Sexualität – ein Geschenk Gottes

Das Christentum hat mit dazu beigetragen, dass Religion und Sexualität immer wieder zu scheinbar unversöhnlichen Feinden wurden. Das ging zuweilen so weit, dass die Sexualität als etwas gesehen wurde, das wenig oder nichts mit Religion zu tun hat, es sei denn in ihrer Funktion als Vermittlerin von neuem Leben. Ansonsten wurde in der Sexualität eine Kraft gesehen, die es zu beherrschen oder gar zu unterdrücken galt. Die christlichen Kirchen haben, so Anselm Grün, viel Schuld auf sich geladen, indem sie Sexualität immer in den Turm sperren wollten, anstatt mit ihr ins Gespräch zu kommen.

Gerade in unserer Zeit der Banalisierung und Ausbeutung der Sexualität bräuchte es so dringend jemanden, der die Sexualität davor schützt und dafür Sorge trägt, dass der Sexualität die ihr zukommende Würde, Einzigartigkeit, das ihr eigene Geheimnisvolle nicht gänzlich genommen wird. Eigentlich versteht sich ja die Kirche gerade in dieser Hinsicht als Anwalt einer achtsam und würdevoll gelebten Sexualität und könnte es von der biblischen und spirituellen Tradition her auch sein. Doch wird gerade sie oft als die gesehen, die dieses Gottesgeschenk verweigert, gar beschmutzt.

Aus christlicher Sicht wurde die Sexualität über eine lange Zeit als eine Kraft gesehen, die es zu bändigen gilt. Die Sexualität war belastet mit der Erbsünde. Der Sündenfall, so die Vorstellung, habe sowohl Eva und Adam als auch all ihre Nachkommen einer hinreichenden Selbstkontrolle beraubt und so der Fleischeslust ausgeliefert. Das sexuelle Verlangen erhielt dadurch ein negatives Vorzeichen. Für ein christliches Leben, mit dem sich die Hoffnung auf Wiedereintritt ins Paradies verband, verlangte daher der heilige Augustinus die strikte Unterdrückung sexuellen Begehrens. Das betraf auch die Ehe, in der der Geschlechtsverkehr nur zum Zwecke der Zeugungsfunktion erlaubt war. Später, als die Vorstellungen von Thomas von Aquin an Einfluss gewannen, wurde diese negative Einstellung gegenüber der Sexualität etwas gelockert, aber – bis heute – letztlich nicht überwunden.

Wir kennen alle auch die Schattenseiten von Sexualität, wenn Sexualität ohne die Einbindung durch die Agape zur bestimmenden Kraft wird, wenn Sexualität ausgebeutet, banalisiert, entseelt wird. Im sexuellen Missbrauch Minderjähriger und Erwachsener begegnen wir der mitunter schrecklichsten und abstoßendsten Pervertierung von Sexualität. Allein das kann uns als Kirche doch nicht davon abhalten, zunächst einmal unvoreingenommen die menschliche Sexualität als ein einzigartiges, wunderbares Geschenk Gottes zu würdigen.

Die Sexualität als Kraft der Ewigkeit

Weiter müssen wir uns fragen und uns fragen lassen, ob wir mit unserem getrübten Blick auf die Sexualität, sicher ungewollt, mit dazu beigetragen haben, dass die Sexualität in trübes Wasser geraten ist, sie ihrer grundsätzlichen Schönheit beraubt wurde. Was also müssen wir als Kirche bedenken? Was haben wir – aus idealen Motiven heraus – vielleicht übersehen? Was müssen wir ernster nehmen? Es ist vielleicht genau das, was die Kirche dazu veranlasste, der Sexualität einen Riegel vorzuschieben: die Macht und die Kraft der Sexualität. Oder, um es gleich auch theologisch zu formulieren: die Schöpfermacht und die Schöpferkraft, die Gott uns in der Sexualität geschenkt hat. Wie Gott uns die Ewigkeit in unser Herz gelegt hat (vgl. Kohelet 3,1), für mich damit auch die letztlich unstillbare Sehnsucht nach dem Ewigen, nach Gott, so hat Gott uns mit der Sexualität eine Kraft verliehen, uns in ihr mit einer Dynamik ausgestattet, die zum Wesentlichsten und Schönsten gehört, was er uns schenken konnte. Ja, um es mit Hildegard von Bingen zu sagen, uns mit der Sexualität eine Kraft geschenkt, hinter der nicht der lüsterne Satan, sondern »die Kraft der Ewigkeit« steht.

Kann es dann, wenn sich das so verhält, wirklich gut gehen, wenn diese Kraft übergangen, ausgehebelt, kastriert wird? Ja, dürfen wir das überhaupt, ohne uns dabei an Gottes Schöpfung zu versündigen? Worauf ich hinauswill, ist: Gottes wegen, weil er uns diese Kraft geschenkt hat, weil sie ihm so wichtig war und ist, ist es so ungeheuer schwer, auf sie zu verzichten, kann es so gefährlich werden, wenn man sie nicht ernst nimmt, ihr nicht ins Gesicht schaut, ihre Macht und Kraft unterschätzt. Auf die Sexualität trifft zu, was Horaz von der Natur sagt: »Man mag die Natur mit der Heugabel austreiben, sie kehrt stets zurück.«

Vom Menschen ausgehen

Wenn ich mit meinen 65 Jahren auf mein Leben zurückschaue, dann gab es bezogen auf die menschliche Sexualität Zeiten, da anscheinend alles klar war. Da gibt es den Mann und da gibt es die Frau. Die Sexualität, die fand zwischen den beiden statt. Halt (!), natürlich nur dann, wenn die beiden verheiratet waren. In der katholischen Kirche gilt offiziell nach wie vor: Nur die Sexualität in der Ehe ist moralisch betrachtet gut; die Sexualität, die im Dienst der Fortpflanzung steht und die zur Vertiefung der Beziehung der Ehepartner beiträgt.

Von einer solchen Vorstellung und Einstellung geht zunächst einmal, wenn man für einen Moment bereit ist, vieles andere auszuklammern, etwas sehr Positives und Kostbares aus, bezogen auf die menschliche Sexualität, hier vor allem auch den Geschlechtsverkehr als eine Ausdrucksmöglichkeit von Sexualität. Die Sexualität ermöglicht neues Leben, sie unterstreicht die Liebe zweier Menschen. Weil sie so kostbar ist, soll sie geschützt werden, soll sie wie in einem Schatzkästchen heilig gehalten werden. Dahinter steht ja zunächst auch eine Haltung, die von einer hohen Achtung gegenüber der Sexualität zeugt. Eine Haltung, die wir heute gegenüber der Sexualität oft vermissen und die zu fördern eigentlich auch Aufgabe von Religion, Kirche, von Seelsorge sein kann.

Doch wenn ich meinen Blick weite und die Wirklichkeit um mich herum ernst nehme, dann begegnet mir eine Fülle von Sexualitäten, unter denen die Sexualität zwischen Mann und Frau, die in einer Ehe miteinander leben, nur *eine* Form darstellt. Was aber heißt das für die Kirche und die kirchliche Lehre?

Was hat die Kirche den vielen anderen Frauen und Männern zu sagen, die ihre Sexualität außerhalb der Ehe leben und auch leben wollen? Müssen sie – vom kirchlichen Ideal her – auf das Ausleben ihrer Sexualität verzichten? Ja, hat die Kirche ihnen überhaupt etwas Positives zu der von ihnen gelebten Sexualität zu sagen? Diesen Fragen muss sich eine Kirche stellen. Diesen Fragen habe ich mich gestellt. Einmal, weil es auch Fragen sind, die mich persönlich betreffen. Dann, weil es Fragen sind, die die Menschen, die sich an mich als Seelsorger und Psychotherapeut wenden, betreffen.

Mich haben diese Fragen aber auch beschäftigt, weil ich die Erfahrung gemacht habe, wozu es führt, wenn nach außen hin etwas gefordert wird, was dann nach innen oder persönlich nicht gelebt wird. Es führt zu unglaubwürdigem Verhalten, zu einem Doppelleben. Es ist mit Belastungen und Kompromissen verbunden, die das Leben der Betroffenen erschweren. Es führt vor allem aber sehr oft dazu, dass die Menschen sich nicht länger darum kümmern, was die Kirche zur menschlichen Sexualität und ihrer Gestaltung in unserem Leben und in unseren Beziehungen zu sagen hat.

Wie aber sieht die Wirklichkeit aus? Auch wenn in unserer Zeit die Sexualität normaler geworden ist und nicht mehr so hoch gehängt wird, wie das in den 1960er- und 1970er-Jahren der Fall war, spielt sie in unserer Gesellschaft und in unserem Alltag nach wie vor eine große Rolle. Glaubt man dem Sexualwissenschaftler Volkmar Sigusch (2013), ist sie nicht länger ein Muss, ohne das man nicht glücklich sein könnte. Sie hat sich auf alle Fälle verändert. Verband man die alte Sexualität, die sogenannte Paläosexualität, noch mit Begriffen wie Triebe, Wollust, Orgasmus, Heterosexualität, so verbindet man die sogenannte Neosexualität mit Wörten wie Geschlechterdifferenz, Selbstliebe, innere Treue. Die alte Sexualität war triebhaft, wenig kopfgesteuert, uniform, genitalausgerichtet und koituszentriert, kindernah, ideologisch gesehen gottgewollt und naturgewollt, nach dem Muster gestrickt »ein Mann und eine Frau«. Im Unterschied zur neuen Sexualität, die als flüssig, flexibel, vielfältig, vorübergehend, wollüstig, ziemlich kopfgesteuert, kalkulierter und musterloser, sexuell und zugleich nonsexuell, unidentisch, kinderfern, selbstbezogener, der Selbstbefriedigung sehr nahe, bezeichnet wird (vgl. 2013, 527). Stand bei der alten Sexualität die Befreiung von altem Denken im Vordergrund, geraten bei der neuen Sexualität auch Krankheiten, Traumatisierungen, Gewalt, die mit Sexualität einhergehen können, in den Blick.

Perspektivenwechsel

Die christliche Tradition akzentuiert die heterosexuelle Ausprägung der Sexualität und unterstützt die Position, die neben der Fortpflanzung die Verbindung schaffende und Verbindung fördernde Funktion der Sexualität als die entscheidende Funktion betrachtet. Das ist an sich zunächst etwas Positives, lässt zugleich aber auch viele, ja, die meisten Männer und Frauen außen vor. Sollen aber auch sie mitbedacht, angesprochen, ernst genommen werden, kann ich nicht länger nur von der Fortpflanzungsfunktion der Sexualität und der Bedeutung, die die Sexualität in der Ehe hat, her denken und argumentieren, wenn es um die Frage geht, wie ich mich als Christ, als Katholik sexuell richtig verhalten soll. Ich muss vielmehr von dem grundsätzlichen Potenzial unserer Sexualität und ihren vielen unterschiedlichen Funktionen her denken. Da gibt es dieses Potenzial, das wir Sexualität nennen – übrigens erst seit dem 19. Jahrhundert. Etwas, das so viel mehr meint als »nur« Sex. Die unterschiedlichen sexuellen Identitäten sind dabei Ausprägungen dieses Potenzials. Dieses Potenzial gilt es verantwortlich und auf eine Weise zu leben, die zu einer Bereicherung unseres Lebens beiträgt.

Bei einer solchen Betrachtungsweise und einem solchen Perspektivenwechsel finde ich Unterstützung in dem, was Papst Franziskus zur Beurteilung homosexueller Menschen gesagt hat. Zunächst muss man nüchtern feststellen, dass sich mit Papst Franziskus in der moraltheologischen oder auch kirchlichen Beurteilung von homosexuellen Menschen und vor allem von homosexuellem Verhalten nicht wirklich etwas verändert. Es bleibt zu hoffen, dass sich hier etwas verändern wird. Etwa, dass man Abstand nimmt von Formulierungen wie die homosexuelle Orientierung sei »objektiv ungeordnet« oder homosexuelles Verhalten, selbst in einer von Liebe und Treue geprägten Partnerschaft, sei moralisch falsch, auch weil bei kirchlichem Verständnis nach wie vor alles sexuelle Verhalten außerhalb der Ehe als moralisch falsch eingeschätzt wird.

Verändert hat sich seit Papst Franziskus die kirchliche Einstellung gegenüber homosexuellen Menschen. Zumindest haben einzelne Äußerungen von ihm dazu beigetragen, jetzt mehr den homosexuellen Menschen zu sehen und zu würdigen. Dieser grundsätzlich positive Blick auf homosexuelle Menschen hat bisher in päpstlichen Äußerungen gefehlt. Bei Papst Franziskus ist, wenn er über homosexuelle Menschen spricht, immerhin eine größere Sensibilität und Wertschätzung gegenüber homosexuellen Menschen erkennbar als bei seinem Vorgänger Papst Benedikt XVI. So wird Papst Franziskus in einem Interview, das in den *Stimmen der Zeit* veröffentlicht wurde, mit den Worten zitiert: »Sag mir: Wenn Gott eine homosexuelle Person sieht, schaut er diese Existenz mit Liebe an oder verurteilt er sie und weist sie zurück? Man muss immer die Person anschauen. Wir treten hier in das Geheimnis der Person ein.«

Übertrage ich die Einstellung von Papst Franziskus auf den Menschen an sich, unabhängig davon, welche sexuelle Ausrichtung er hat, geht es nicht in erster Linie um die Bewertung seiner Identität, auch nicht um die Bewertung seines sexuellen Verhaltens. Es geht auch gar nicht in erster Linie um überhaupt eine Bewertung. Es geht darum, den Menschen zu sehen, ja, ihn so zu sehen, wie Gott ihn sieht.

Der aber sieht den Menschen, den er geschaffen hat. Er sieht den Menschen von seinem Wesen her. Er sieht und begegnet ihm mit Respekt vor dem ihm innewohnenden Geheimnis. Dabei macht es keinen Unterschied, ob jemand Jude oder Christ, schwul oder heterosexuell ist. Er sieht den heterosexuellen Mann, die heterosexuelle Frau, die ihre Sexualität im Rahmen ihrer Ehe auf ganz unterschiedliche Weise, mal mehr, mal weniger befriedigend, mal berauschend, dann wieder alltäglich leben. Also die sogenannte gute alte Ehe leben, in dem Sinne, dass sich zwei Menschen füreinander entscheiden mit der Absicht, zusammen zu leben, »bis dass der Tod uns scheidet«.

Gott sieht die Männer und Frauen, die ihre Sexualität in Partnerschaften leben, die fest sind, ohne jetzt einen offiziellen staatlichen oder kirchlichen Rahmen zu haben. Oder die in Liebesbeziehungen leben, die für den Moment verbindlich sind, von beiden Seiten aber jederzeit beendet werden können. Dann könnte ich von der lesbischen Frau sprechen, die in einer innigen Beziehung zu ihrer Lebenspartnerin ihre Sexualität lebt; die lesbische Frau, die erst später zu ihrer Homosexualität stehen konnte und jetzt mit ihrem Kind aus der früheren Ehe mit ihrer Partnerin zusammenlebt. Ich könnte von den Menschen reden, die homosexuell sind und in homosexuellen Partnerschaften leben. Ich könnte von der ehemaligen lesbischen Ordensfrau sprechen, die mit ihrer Partnerin zusammenlebt. Ich kann von den Menschen reden, die bisexuell sind. Gott sieht auch die Männer und Frauen, die transsexuell sind und die den Druck nicht länger aushalten können, in einem Körper zu leben, der nicht ihrer sexuellen Empfindung entspricht, und sich für eine Umwandlung ihres Körpers entscheiden.

Überall wird man dort, wenn man den Blick auf diese Menschen aushält und dafür offen ist, mit den Augen Gottes darauf zu schauen, Bemühungen, Sorgen, Kämpfe, Schicksale, alltägliche Auseinandersetzungen entdecken, die nur der zu würdigen vermag, der wirklich bereit ist, zuerst den Menschen zu sehen und nicht die sexuelle Identität und deren sexuelle Ausdrucksweisen. Bei Zacharias, der seit einigen Jahren mit einem

Mann verheiratet ist und in deren Beziehung es augenblicklich größere Probleme gibt, geht es nicht in erster Linie um Homosexualität oder Sexualität, es geht um Beziehung, um ihre Beziehung.

Wenn ich vom Menschen ausgehe, den ich mit den Augen Gottes zu sehen versuche, würdige ich sein Bemühen, auf eine verantwortliche und sein Leben bereichernde Weise seine Sexualität zur Entfaltung zu bringen. Es geht darum, Männern und Frauen, wie auch immer ihre sexuelle Ausrichtung aussieht, zu helfen, auf die ihnen bestmögliche Form, ihre Sexualität in ihrem Leben, ihrem Alltag, in ihren Beziehungen zur Bereicherung ihres Lebens zum Ausdruck zu bringen.

Dann aber kann ich von transsexuellen Personen nicht erwarten, den körperlichen Gegebenheiten zuliebe die psychischen Bedürfnisse zu übergehen und sich den körperlichen Gegebenheiten anzupassen, nur weil sie der Norm entsprechen. Warum sollten sie das tun? Um einer Norm gerecht zu werden, der gerecht zu werden für sie mit psychischem Leid verbunden ist und ihre Möglichkeiten, ihre Sexualität für ihr Leben fruchtbar zu machen, beeinträchtigt?

Dann gibt es Ausdrucksformen von Sexualität, bei denen es ganz klar ist, dass sie abzulehnen sind, man sich klar davon distanzieren oder auch dagegen vorgehen muss. Man denke an den sexuellen Missbrauch, an sexuelle Vergewaltigung.

Schließlich gibt es Formen von Sexualität, die üblich sind und die unterschiedlich beurteilt werden, wie Sex als Freizeitvergnügen, als Entspannungserfahrung, als eine Gelegenheitssache, Sex als eine Erfahrung, die, ohne eingebettet zu sein in eine Beziehung, gar feste Beziehung, stattfindet. Manche sehen in diesen Ausdrucksformen von Sex eine oberflächliche Form von Sex, der die Innigkeit, die Verbindlichkeit, die mit sexuellen Erfahrungen einhergehen, abgeht und die zu einer Banalisierung der Sexualität beiträgt. Tatsächlich kann es ja auch so sein, dass bei einer solchen Einstellung zur Sexualität und Praxis von Sexualität die nach Innigkeit strebende Dynamik inniger

Begegnung, wie sie in der Sexualität gegeben sein kann, möglicherweise nicht angemessen ernst genommen wird. Hier kann es wichtig sein, seine Vorbehalte vorzubringen, auf die möglichen negativen Auswirkungen hinzuweisen.

Je mehr ein Baum er selbst ist, desto mehr ist er wie Gott

»Ein Baum gibt Gott dadurch die Ehre, dass er ein Baum ist«, schreibt der Mystiker Thomas Merton (2010, 61). »Denn indem man ist, als was man von Gott gedacht ist, gehorcht man ihm.« Weiter meint Thomas Merton: »Je mehr ein Baum er selbst ist, desto mehr ist er wie Gott. Wollte er versuchen, wie etwas anderes zu sein, als das er nie gedacht war, dann wäre er weniger wie Gott und er würde ihm deshalb weniger Ehre geben.«

Besteht nicht die Gefahr der Engführung, wenn ich die Vielfalt, die Gott uns geschenkt hat, die individuell geschaffenen Dinge, aber auch die Menschen, deren Schöpfer Gott ist, aus einer Perspektive her beurteile, die ich als Norm erkläre und betrachte, mit dem Ergebnis, dass ich die Vielfalt, die Individualität, als Mangel erkläre. Wie heißt es doch bei Thomas Merton (2013, 61f.): »Ein Mensch mit der Vorstellung, dass die individuell geschaffenen Dinge in der Welt« – und ich würde ergänzen: die individuell geschaffenen Menschen – »unvollkommene Versuche sind, einen Idealtyp wiederzugeben, den auf der Erde zu verwirklichen Gott noch nie ganz gelungen ist, würde ihm die Ehre nicht geben, sondern verkünden, dass er kein vollkommener Schöpfer sei.«

Wir müssen uns fragen lassen, ob wir Gott in die Schöpfung hineinpfuschen, wenn wir uns, aber letztlich ja ihn, festlegen auf das, was wir meinen, als Norm, gar als von ihm festgelegte Norm erkannt zu haben? Für mich ist neben dem biblischen Dokument und den kirchlichen Dokumenten mindestens genauso wichtig, das menschliche Dokument in den Blick zu nehmen, also den konkreten Menschen, und uns von dort her mit beeinflussen zu lassen, wenn ich mich der Frage stelle, was Gott will. Wohl wissend, dass das in sich schon ein sehr hoher Anspruch ist, zu glauben, das – gar endgültig – erkennen zu können. Was will uns Gott durch den ganz konkreten Menschen sagen? Ja, was sagt er damit?

Was macht es uns denn so schwer, auch einmal diesen Weg zu wählen, einen Weg, der von uns mitunter verlangt, umzudenken, uns herausfordern zu lassen, ein Schwarz-Weiß-Denken zu überwinden. Möglicherweise auch unsere Bilder von Gott – idealerweise sollten wir ja überhaupt keine Bilder von ihm haben – korrigieren zu müssen. Da, wenn uns das gelingt, begegnet uns plötzlich ein Gott, der viel größer ist, der eine viel größere Vielfalt zulässt, der noch mal ganz anders ist, als wir (bisher) geglaubt haben. Haben wir Angst davor, wenn alles komplexer, unüberschaubarer, anscheinend verrückt wird? Überfordert uns das einfach? Brauchen wir das Überschaubare, Geordnete, das, was anscheinend richtig, wahr und gut ist?

Es gäbe hier noch vieles zu sagen, zu differenzieren, auch Gegenargumente anzuführen. Doch ich will den Blick frei halten, um klarer zu sehen, was das für uns als Kirche heißt oder heißen kann. Ich meine, wir dürfen uns nichts vormachen über die Macht der Sexualität. Wir müssen uns fragen und fragen lassen, ob wir, indem wir die Sexualität oft grundsätzlich als negativ etikettiert haben und etikettieren, sie von vornherein mit Sünde und Erbsünde belastet haben, sie zu einseitig auf ihre Funktion im Dienste der Fortpflanzung und der Vertiefung der Beziehung der Ehepartner begrenzt haben, ihr – und Gott – nicht gerecht geworden sind. Ob wir da möglicherweise eine Schieflage konstruiert haben, die wir beseitigen, zumindest korrigieren müssen. Ob wir unseren Blick, bezogen auf unsere menschliche Sexualität, aber auch bezogen auf Gott, weiten müssen, wir dafür wach sein müssen, was uns Gott möglicherweise auch in den vorhandenen vielfältigen Ausprägungen menschlicher Sexualität, den unterschiedlichen sexuellen Identitäten sagen will, er uns möglicherweise auch auf die Vielfalt seiner Möglichkeiten aufmerksam machen will.

Der Kirche täte es gut, sich von der positiven Einstellung der heiligen Hildegard von Bingen zur Sexualität anstecken zu lassen. »Für sie gab es nichts Unreines in der Schöpfung, in der ungezähmte Leidenschaft und zärtliche Sehnsucht, körperliche Lust und geistige Höhenflüge, die Freude am Partner und der Verzicht auf erotische Erfüllung um des Himmelsreiches willen ihren Platz hatten« (Feldmann 2008, 142).

Homosexualität und Kirche

Zuerst den Menschen sehen

Ich habe mich über viele Jahrzehnte hinweg mit dem Thema Homosexualität befasst. Treffender wäre zu schreiben, mit homosexuellen Menschen. Ein wesentlicher Grund dafür, dass ich meine Diplomarbeit über das Thema *Priester als Seelsorger für homosexuelle Menschen* schrieb, war mein bester Freund, den ich im Internat kennenlernte und der mir irgendwann mitteilte, dass er schwul sei. Für mich war bis dahin Homosexualität etwas, dem etwas ganz Schlimmes, ja Kriminelles anhaftete und auf alle Fälle eine schwere Sünde war, wenn es jemand auslebte. Damals gab es noch den Paragrafen 175, der homosexuelles Verhalten kriminalisierte.

Die Begegnung mit meinem Freund, sein Ringen mit seiner homosexuellen Veranlagung, zeigten mir, dass das Bild, das ich bisher von Homosexualität und homosexuellen Menschen hatte, nicht in Einklang zu bringen war mit dem, was ich bei ihm kennenlernte. Auch merkte ich zunehmend, nachdem ich über meinen Freund Norbert auch andere homosexuelle Männer kennengelernt hatte, einige unter ihnen, die sich in der Gruppe »Homosexualität und Kirche«, kurz »HuK« genannt, organisiert hatten, dass die kirchliche Lehre ihnen wenig Hilfe anbot, ja mitunter die Ursache ihrer Not war oder sie zumindest vergrößerte.

Das brachte mich in ein Dilemma. Wie kann meine Kirche, die mir persönlich so viel bedeutet, sich so negativ und abwertend über Menschen und ihre Liebe äußern, die ich als angenehme, liebenswerte Personen kennenlernen durfte? Das beschäftigte mich und motivierte mich schließlich, mich intensiver mit dem ganzen Themenbereich Homosexualität zu beschäftigen. Dabei musste ich zuerst mein Bild korrigieren, das ich von Homosexualität und homosexuellen Menschen in mir trug.

Mir gefällt die Geschichte, die davon erzählt, wie ein kleiner Junge über viele Wochen einem Bildhauer zuschaut, der aus einem riesigen Marmorblock Brocken für Brocken herausmeißelt, bis eines Tages ein wunderschöner Löwe zu erkennen ist. Der erstaunte Junge fragt den Bildhauer: »Woher hast du gewusst, dass in dem Marmorblock ein Löwe ist?« Mir wurde bewusst, dass unsere Begegnung mit Schwulen und Lesben immer auch geprägt ist von dem Bild, das wir von homosexuellen Menschen in uns tragen. Betrachten wir zum Beispiel die homosexuelle Orientierung als *nicht optimal*, wie das für eine lange Zeit die Psychoanalyse tat und Vertreter der reparativen Therapie es auch heute noch tun, oder als *objektiv ungeordnet*, wie es in einem Schreiben der Glaubenskongregation heißt, oder als eine *Behinderung*, wie ein ehemaliger Primas der anglikanischen Kirche die homosexuelle Orientierung bezeichnete, hat das in der Regel entsprechende Auswirkungen auf unsere Begegnung mit homosexuellen Menschen. Es kann dazu führen, dass diese Wertungen unser Bild vom homosexuellen Menschen bestimmen und wir möglicherweise den homosexuellen Menschen als defizitär, nicht optimal und eingeschränkt sehen und ihm entsprechend begegnen.

Die Begegnung mit homosexuellen Menschen sollte aber bestimmt sein von einer Einstellung, die im homosexuellen Menschen den *ganzen* Mitmenschen sieht, der aus dem gleichen Stoff und Gewebe geschaffen ist wie der heterosexuelle Mitmensch, der die gleichen Gefühle und Wünsche kennt wie er, der über die gleiche Liebesfähigkeit verfügt, die gleiche Sehnsucht nach Liebe und Annahme in sich verspürt. Homosexuelle und heterosexuelle Menschen sind zuallererst Söhne und Töchter Gottes, denen dieselbe fundamentale Identität zukommt wie allen Menschen: Geschöpf Gottes zu sein, durch die Gnade Gottes Kind Gottes und Erbe des ewigen Lebens.

In einem Gespräch mit Andrea Tornielli (Franziskus 2016, 84) stellt sich Papst Franziskus die Frage, wer er denn sei, dass er einen Menschen, der schwul oder lesbisch ist, verurteilen könne. Vor allem aber, so fährt er fort – und spricht mir damit aus dem Herzen, sagt, was ich seit Jahrzehnten gebetsmühlenartig immer und immer wieder gesagt und gefordert habe –, »finde ich es richtig, von ›homosexuellen Menschen‹ zu sprechen: Denn zuerst ist da der Mensch in seiner Ganzheit und Würde. Der Mensch wird ja nicht nur durch seine Sexualität definiert: Vergessen wir nicht, dass wir alle von Gott geliebte Geschöpfe sind, denen er seine unendliche Liebe zuteilwerden lässt.«

Das war und ist die Botschaft, die ich immer und immer wieder, vor allem auch innerhalb meiner Kirche, zu verbreiten versuchte. Es bewegt mich, wenn ich heute auf Personen treffe, die vielleicht 20 Jahre jünger sind als ich, die mir sagen, wie wichtig für sie meine Bücher über Homosexualität waren oder sind. Die Sichtweise über Homosexualität, der sie in meinen Büchern begegneten, war für sie neu und oft auch befreiend. Mir wird dann auch oft gesagt, die Tatsache, dass ich mich bemühte, einerseits auf kirchlichem Boden zu bleiben, zugleich aber auch neue Aspekte, die bisher nicht zum Zuge gekommen oder vernachlässigt worden sind, aufzugreifen, half ihnen, meine Gedanken anzunehmen und auf ihr Leben – gerade auch als Katholiken – zu übertragen.

Von den Spannungen und Konflikten, die ich dafür aushalten musste, habe ich ja ausführlich berichtet. Bei allen Schwierigkeiten, die ich deswegen mit der Kirche hatte, habe ich aber auch die Erfahrung machen dürfen, dass Spannungen, wenn sie einen nicht überfordern, auch dazu beitragen, dass es spannend bleibt. Ganz abgesehen davon, dass bei einer fruchtbaren Spannung der Heilige Geist die besten Chancen hat zu wirken, weil etwas in Bewegung bleibt. Macht Wirbel, sagt Papst Franziskus. Gnade vollzieht sich in der Spannung, im Wirbel. Da kann sich etwas verändern. Manchmal muss man in die Asche blasen, Wirbel erzeugen, um ein längst erloschen geglaubtes Feuer neu zum Leuchten, zum Wärmen, zum Lodern zu bringen. So habe ich auch oft meine Aufgabe gesehen: Wirbel zu erzeugen, einer zu sein, der in die Asche bläst, um das Feuer des Evangeliums neu zu entfachen.

Solange wir im homosexuellen Menschen zuerst eine gleichwertige Person sehen, der wir mit Respekt und Sympathie begegnen, laufen wir am wenigsten Gefahr, zum Opfer einer Verzerrung des Bildes vom homosexuellen Menschen zu werden, das ihn möglicherweise zu einem Wesen reduziert, das nur aus Homo*sexualität* oder einem sexuellen Verhalten besteht, das wir vielleicht als abartig empfinden. Das Wort Respekt lässt sich etymologisch von dem lateinischen Wort *respicere* ableiten und meint: noch einmal hinschauen. Wenn wir homosexuellen Menschen mit Respekt begegnen wollen, so verlangt das von uns, immer wieder hinzuschauen, ob unser Bild von homosexuellen Menschen nicht von irgendwelchen Bewertungen und verzerrten Vorstellungen über Homosexualität geprägt ist, mit dem Ergebnis, dass wir nicht länger den konkreten Menschen sehen mit allen seinen Möglichkeiten, einschließlich seiner Liebesfähigkeit. Dazu bedarf es aber einer unvoreingenommenen Begegnung mit homosexuellen Menschen, weil Vorurteile sich verändern, wenn sie ein Gesicht bekommen.

Will die Kirche sich homosexuellen Menschen gegenüber fair und gerecht verhalten, will sie ihrem Auftrag gerecht werden, ihnen zu helfen, ihr Leben um die Perspektive des Spirituellen, die Erfahrung von etwas Größerem, zu bereichern, muss sie zu dieser unvoreingenommenen Begegnung bereit sein, und sie muss sich der Lebenswirklichkeit homosexueller Menschen stellen.

Die Kirche muss Homosexualität viel mehr vom homosexuellen Menschen her sehen und angehen, dem menschlichen Dokument. Allzu lange sind wir von überkommenen Vorstellungen und Bildern über Homosexualität und homosexuellen Menschen ausgegangen, die unseren Blick auf die Homosexualität, vor allem aber auf die homosexuellen Menschen und ihre Wirklichkeit verdunkelt und verzerrt haben. Seien das im theologischen und kirchlichen Bereich tatsächliche oder aber auch nur angenommene Aussagen über Homosexualität und homosexuelle Menschen in der Bibel, seien es im wissenschaftlichen und da vor allem medizinischen und psychologischen Bereich Theorien über Homosexualität und homosexuelle Menschen, die von einem bestimmten Verständnis von dem, was angeblich die Norm und dann auch die Wirklichkeit ist, ausgehen. Dabei war und ist der konkrete homosexuelle Mensch scheinbar überhaupt nicht von Interesse, ja, er wurde und wird außen vor gelassen.

Die Sozialwissenschaften, die bei ihrer Betrachtung und Einschätzung von Homosexualität den homosexuellen Menschen selbst und ihrer Wirklichkeit ihr Augenmerk schenken, bringen eine Wirklichkeit von Homosexualität und homosexuellen Menschen ans Licht, die sich zum Teil erheblich unterscheidet von der, die lange Zeit das Bild von Homosexualität und homosexuellen Menschen prägte. Dazu hat auch das Erstarken und deutlichere Auftreten homosexueller Männer und Frauen beigetragen, die sich nicht länger damit zufriedengaben, dass andere ihre Wirklichkeit entsprechend gefärbt durch den jeweiligen wissenschaftlichen oder theologischen Hintergrund aufzeigen, und deshalb zunehmend entschieden *ihre* Sichtweise und Erfahrungsweise ins Wort brachten.

Auch dieses »neue Bild« mag seine eigene Färbung haben. Aber es ist ernst zu nehmen und angemessen zu berücksichtigen und zu würdigen, will man kompetent, verantwortungsvoll und wirklichkeitsnah über Homosexualität und homosexuelle Menschen reden. Zu dem »neuen Bild« homosexueller Menschen gehört unter anderem auch, dass sie sich keineswegs grundsätzlich seelisch schlechter fühlen als heterosexuelle Menschen, genauso glücklich sein können wie diese und ihre grundsätzliche Liebesfähigkeit sich von der heterosexueller Menschen nicht unterscheidet. Auch ihre spirituelle Kompetenz und Ausstattung – wie könnte es auch anders sein? – unterscheidet sich natürlich nicht von der heterosexueller Personen.

Hier wird deutlich, wie wichtig es ist, endlich nicht mehr nur den homo*sexuellen* Menschen zu sehen – so wichtig es auch ist, diese Seite zu sehen und zu würdigen –, sondern einfach den *Menschen*, also irgendwann der Tatsache, dass jemand homosexuell ist, keine so besondere Aufmerksamkeit zu schenken und damit den Menschen an sich zu sehen, der, neben vielem anderen, auch homosexuell ist. Eine solche Sichtweise, die vor allem den Menschen im Auge hat, würde erheblich zu einer Normalisierung beitragen. Dann wäre es nicht länger etwas Besonderes, Außergewöhnliches, homosexuell zu sein, sondern etwas, dem man kein besonderes Interesse mehr schenken müsste und es in dem Sinne nichts Besonderes, sondern normal wäre. Von einer solchen Einstellung ginge etwas Befreiendes aus, das sich atmosphärisch positiv auf die Gesellschaft, und dann auch auf die Kirche auswirken würde.

Um dahin zu kommen, muss die Kirche noch einen langen Weg gehen. Da genügt es nicht – wie auf der Familiensynode geschehen –, nur über pastorale Ansätze zu beraten und Fragen der Lehre auszuklammern. Ohne die Überwindung bisheriger lehramtlicher Positionen zur Sexualität im Allgemeinen und speziell zu gleichgeschlechtlichen sexuellen Handlungen, das heißt ihrer Beurteilung als Sünde und als Aufforderung zu lebenslänglicher sexueller Enthaltsamkeit, ist im Grunde genommen eine wirksame und ehrliche Pastoral, die Schwule und Lesben, ihre Gefühle und Liebe, auch wo sie sexuell zum Ausdruck kommt, von vorneherein ausgeschlossen (vgl. Brinkschröder 2015, 418).

Nur eine verschwindend kleine Minderheit von Schwulen und Lesben lässt sich auf diese moralischen Prämissen der Kirche ein. Für alle anderen sind sie inakzeptabel. Allein, kann die Kirche wirklich von homosexuellen Menschen verlangen, um der biblischen Norm willen, so wird zumindest argumentiert, um dem von der Natur vorgegebenen Design, was anscheinend natürlich ist, gerecht zu werden, auf die Erfahrung homosexueller Liebe, die die ganze Sexualität mit einbezieht, zu verzichten? Wer hat etwas davon? Was hat Gott davon? Hat er etwas davon? Ganz abgesehen davon, dass das, was die biblischen Verfasser über Homosexualität sagen, nicht dem entspricht, was wir heute unter Einbeziehung der Human- und Sozialwissenschaften unter Homosexualität verstehen. Ja, ist nicht auch der Gedanke wenigstens eine Überlegung wert, dass sie, so der niederländische Jesuit Jan van Kilsdonk, eine Erfindung des Schöpfergottes ist (vgl. Merks 2013, 34)?

Von homosexueller Liebe sprechen

Könnte es sein, dass das Votum der Iren für die Homo-Ehe die Kirche an alte christliche Werte und Einstellungen wie Nächstenliebe und die grundsätzliche Würde aller Menschen erinnert hat und sie sich gerade darin als treue Christen erwiesen haben? Äußerungen aus dem Vatikan, die die Entscheidung der Iren für die Homo-Ehe als eine Niederlage für die Menschheit bezeichnen, lassen nichts von diesen christlichen Werten spüren.

Christliche homosexuelle Männer und Frauen werden zunehmend ungeduldig gegenüber einer Haltung der Kirche, die ihnen das Recht auf die Ausübung ihrer Sexualität in einer festen Beziehung abspricht. Diese Ungeduld geht oft auch in Resignation und eine Abkehr von der Kirche über. Den Kirchen wird vorgeworfen, was sie zu homosexuellen Menschen, mehr noch zu homosexuellen Beziehungen und homosexueller Liebe zu sagen haben, habe längst nichts mehr mit ihrem Leben zu tun und besitze daher für sie auch keine Glaubwürdigkeit und Aussagekraft.

Die Kirche sollte endlich den Mut haben, nicht länger nur von homosexuellen Akten und homosexuellem Verhalten, sondern von homosexueller Liebe zu sprechen. Sie sollte homosexuellen Menschen nicht länger absprechen, dass die Liebe, die sie füreinander empfinden, die Liebe, die sie miteinander teilen und leben, wirklich Liebe ist, eine Liebe, die nach der Erfahrung vieler homosexueller Menschen in ihren Partnerschaften auch in der erfahrenen Sexualität, die sie sich gegenseitig schenken, zum Ausdruck kommen kann.

Für die homosexuelle Liebe trifft zu, was der verstorbene Kardinal Basil Hume (1995) von der Liebe sagt:

»Liebe zwischen zwei Menschen, ob sie nun demselben Geschlecht angehören oder verschiedenen Geschlechts sind, muss wie ein Schatz angesehen und geachtet werden ... Wenn zwei Menschen einander lieben, dann erfahren sie auf die begrenzte Weise dieser Welt, was ihre nie endende Freude sein wird, wenn sie mit Gott vereint in der nächsten Welt sein werden. Einen anderen zu lieben, bedeutet tatsächlich, sich Gott zuzuwenden, der seine Liebenswürdigkeit dem, den wir lieben, mitteilt ... Einen anderen zu lieben, ob gleichen oder anderen Geschlechts, bedeutet, das Feld der reichsten menschlichen Erfahrung zu betreten.«

Kardinal Hume fordert, dass die Kirche homosexuelle Frauen und Männer nicht nur als vollwertige Menschen anerkennt, sondern in ihren aufrichtigen Liebesbeziehungen auch eine Liebe zu akzeptieren bereit ist, die das göttliche Konzept zwischenmenschlichen Zusammenseins anreichert und zur höchsten Blüte führen kann. »Eine Pathologisierung dieser Liebe ist durch keine Hl. Schrift gerechtfertigt.«

Schwule Priester

Ich wünsche mir, dass wir in der Kirche gelassener, souveräner und offener mit dem ganzen Thema Homosexualität umgehen, auch was schwule Priester betrifft. Ohne mich jetzt für ein unverantwortliches Outen in jedem Fall auszusprechen, das manchmal einfach die Grenzen einer Gemeinde überfordern würde, sollten wir klar dazu stehen, dass viele unserer Priester homosexuell sind und diese Priester ihre Arbeit mindestens so gut machen wie heterosexuelle Priester.

Äußerungen von Papst Benedikt XVI. in einem Interview mit dem Journalisten Peter Seewald erachte ich in diesem Zusammenhang nicht für hilfreich. So heißt es dazu in der FAZ vom 22. November 2010: »So ist zum Beispiel Homosexualität mit dem Priesterberuf unvereinbar«, sagt der Papst mit aller Autorität, »denn dann hat ja auch der Zölibat als Verzicht keinen Sinn. Es wäre eine große Gefahr, wenn der Zölibat sozusagen zum Anlass würde, Leute, die ohnehin nicht heiraten mögen, ins Priestertum hineinzuführen, weil letztlich auch deren Stellung zu Mann und Frau irgendwie verändert, irritiert ist, auf jeden Fall nicht in der Schöpfungsrichtung steht.«

Eine solche Aussage bestätigt jene, die sagen, dass manche homosexuellen Männer unter anderem auch deshalb sich für den Priesterberuf entscheiden, weil sie dann niemandem erklären müssen, warum sie nicht heiraten. Sie verkennen aber, dass es sehr wohl viele homosexuelle Priester gibt, die nicht deshalb Priester werden, weil sie ohnehin nicht heiraten mögen, sondern aus innigster Überzeugung, und die sehr wohl zölibatär leben, indem sie auf eine sexuelle Partnerschaft bzw. das Ausleben ihrer genitalen Sexualität verzichten. So gesehen wird die Sichtweise von Papst Benedikt unzähligen homosexuellen Priestern nicht gerecht, die treu ihren Dienst tun. Sie ist einseitig und unsensibel.

Manche Not homosexueller Priester, manche Ausflüchte und Verhaltensweisen, die sie in Konflikt bringen mit ihrem Amt und mit ihrem Lebensstil, könnten meiner Überzeugung nach vermieden werden, wenn wir als Kirche ihnen gegenüber in einem größeren Maße, als das bisher geschehen ist – sofern es überhaupt geschehen ist –, unsere Sympathie und Wertschätzung für die ausgezeichnete Arbeit zum Ausdruck bringen, die so viele unter ihnen für die Kirche und die ihnen anvertrauten Menschen leisten.

Die Kirche muss ihre homosexuellen Priester und Ordensleute nicht verstecken. Es gibt sie, und wir haben allen Grund, auf sehr viele von ihnen stolz zu sein. Sie leisten vielfach eine ausgezeichnete Arbeit, auch indem sie ihr eigenes Charisma einbringen, und sie werden in der Regel ihrem Dienst und ihrer Berufung nicht weniger gerecht als heterosexuelle Priester und Ordensleute. Diese Wertschätzung gegenüber homosexuellen Priestern sollte auch nach außen hin seitens einer Diözese deutlich zum Ausdruck kommen. Das aber setzt voraus, mehr als bisher den Mut zu haben, offen über das Thema homosexuelle Priester zu sprechen, dieses Thema nicht länger zum Tabu zu erklären.

Von daher ist es höchste Zeit, dass die »Instruktion über Kriterien für Berufsklärung von Personen mit homosexuellen Tendenzen im Blick auf ihre Zulassung für das Priesteramt und für die heiligen Weihen«, die 2005 von der Vatikanischen Kongregation für das Katholische Bildungswesen veröffentlicht und von Papst Benedikt XVI. abgesegnet wurde, außer Kraft gesetzt wird, zumal sie nach meiner Kenntnis ohnehin von den meisten Bischöfen nicht befolgt wird. Nach dieser Instruktion kann ein homosexuell veranlagter Mann nicht zum Priester geweiht werden.

Eine klare Position wäre für mich an dieser Stelle: Ein homosexuell empfindender Mann, der sich ernsthaft mit seiner Sexualität auseinandergesetzt hat, der seine Homosexualität angenommen hat und alle Voraussetzungen erfüllt, die auch ein heterosexueller Mann als Voraussetzung zur Zulassung zum Priestertum erfüllen muss, kann zum Priester geweiht werden. Nicht zur Priesterweihe zugelassen werden sollten solche homosexuellen Männer, die sich nicht wirklich mit ihrer Sexualität auseinandergesetzt haben, die ihre Homosexualität nicht angenommen haben, die nicht in der Lage sind, verantwortungsvoll und entsprechend den Verpflichtungen, die sie mit einem zölibatären Lebensstil eingehen, ihre Sexualität und ihre Beziehungen zu gestalten.

Die Entscheidung Roms, homosexuelle Männer in Zukunft nicht mehr zu Priestern zu weihen, bringt die Gefahr mit sich, dass jene, die homosexuell sind und die Priester werden wollen, noch mehr als bisher ihre wirkliche Orientierung verbergen und die so notwendige Auseinandersetzung mit der eigenen Sexualität und Homosexualität nicht stattfindet. Dadurch wird aber das Risiko, später als Priester ein unreifes sexuelles Verhalten an den Tag zu legen, verstärkt.

Ich bin davon überzeugt, dass der katholischen Kirche und auch den Orden wertvolle Seelsorger, spirituelle Leiter und Mitglieder verloren gingen, würde ihre Entscheidung, homosexuell empfindende Männer nicht länger zu Priestern zu weihen, umgesetzt werden. Unter homosexuell empfindenden Priestern gibt es viele Priester, die durch ihre spirituelle Tiefe, ihre Kreativität, ihre künstlerische oder ästhetische Begabung und ihr Engagement überzeugen. Solche Priester findet man auch unter vielen heterosexuellen Priestern. Es ist aber wichtig, diese Begabungen von homosexuellen Priestern und Erfahrungen mit homosexuellen Priestern auch zu sehen.

Gerade die Begegnungen mit schwulen Priestern haben mich gelehrt, dass das, was die offizielle Kirche hier praktiziert, nicht richtig und auch nicht gottgewollt sein kann. Man stelle sich vor, ein so begnadeter geistlicher Schriftsteller wie der Priester Henri Nouwen oder der ehemalige Priester Pierre Stutz, der durch seine Bücher so vielen Menschen hilft, zu Gott zu finden, beides Freunde von mir, dürften nach der gängigen Lehre, zumindest soweit sie vom Vatikan bestimmt wird, nicht zu Priestern geweiht werden. Das kann einfach nicht richtig sein, und da kann ich gar nicht anders, als meine Stimme zu erheben und darauf hinzuweisen, dass das nicht in Ordnung ist, dem Menschen und Gott nicht gerecht wird.

Zölibat

Für eine Entkoppelung von Priestertum und Zölibat

Wenn ich mich dafür ausspreche, dass die katholische Kirche eine Entkoppelung von Priestertum und Zölibat vornimmt, halten mir manche entgegen, dass dadurch die Kirchen nicht voller werden. Darum geht es mir aber an dieser Stelle auch nicht. Ich kann Papst Franziskus verstehen, wenn er, auf die Entkoppelung von Priestertum und Zölibat angesprochen, zwar sagt, dass die Tür dazu nicht verschlossen ist, um dann aber zu ergänzen, dass es andere wichtige Themen gibt, die Vorrang haben. Ich kann das wie gesagt verstehen, meine aber auf dem Hintergrund meiner Arbeit und meiner Erfahrungen mit Priestern, dass es höchste Zeit ist, hier erste mutige Schritte in die Richtung zu gehen, die am Ende dazu führen, dass es mit einer großen Selbstverständlichkeit den zölibatär lebenden und den verheirateten Priester in der katholischen Kirche gibt. Die Gründe dafür habe ich unter anderem in zwei Briefen an Papst Franziskus dargelegt.

Darin wird deutlich, dass es mir hier nicht in erster Linie darum geht, dass sich wieder mehr Menschen der Kirche zuwenden, so begrüßenswert das wäre. Mir geht es sicher auch darum, durch eine Entkoppelung grundsätzlich mehr Menschen anzusprechen, dadurch vielleicht auch zu einer größeren Attraktivität des Priestertums beizutragen. Vor allem aber geht es mir um die Männer und manchmal dann auch die Frauen, die durch das sogenannte Pflichtzölibat sich in einer Situation befinden, die nicht zu einer Bereicherung ihres Lebens und dann auch ihres Dienstes beiträgt. Jemand hat einmal geschrieben, eher würden meine Gebeine verbleichen, bevor Rom hier etwas ändert. Ich sehe das anders. Hier muss etwas geschehen und hier wird etwas geschehen. Die Situation ist dermaßen – ich suche nach den richtigen Worten – unsauber, verunstaltet, klebrig, undurchsichtig, unwahrhaftig, dubios, dass davon letztlich nichts Gutes ausgehen kann.

Die offizielle Position ist klar: Wer katholischer Priester werden will, von dem wird erwartet, dass er ehelos lebt, das heißt nach kirchlichem Verständnis aber auch, dass er nicht in einer sexuellen Partnerschaft leben darf. Wenn zölibatär Lebende offen über ihr Bemühen, zölibatär zu leben, sprechen, dann dürfte sich zeigen, dass das konkrete Leben als Zölibatär wie auch das alltägliche Leben als Verheirateter sich einmal mehr, einmal weniger vom Ideal, hier des Zölibats, dort der Ehe, unterscheidet. Aus Statistiken und Veröffentlichungen ist zu erfahren, dass die Wirklichkeit der Zölibatären anders aussieht, als das Ideal es aufzeigt. Es gibt Untersuchungen, nach denen – bezogen auf die nordamerikanische Situation – schätzungsweise die Hälfte der Zölibatären tatsächlich den Zölibat leben, 20 Prozent in festen heterosexuellen Paarbeziehungen leben und etwa 10 Prozent heterosexuelle Partnerschaften eingehen, ohne dass sie in festen Beziehungen leben, beziehungsweise sich in einer Art Übergangsphase befinden, in der sie »sexuelle Erfahrungen machen«.

Es handelt sich hier wohlgemerkt um eine Schätzung, und es ist von daher wichtig, solche Zahlen nicht absolut zu nehmen. Das kann aber nicht so weit gehen, dass man eine solche Schätzung nicht ernst nimmt. Ich selbst würde auf dem Hintergrund meiner Kenntnisse und Erfahrungen sagen, dass die Tendenz dieser Schätzung auch für den deutschsprachigen Raum zutrifft. Das heißt, dass die Mehrheit, über die Hälfte der zölibatär Lebenden tatsächlich zölibatär lebt, wenn der Weg dahin auch manchmal über Umwege, bis hin zu sexuellen Beziehungen ging, ohne dass allerdings dabei die sexuelle Beziehung zu einer Gewohnheit geworden wäre. Auf der anderen Seite gibt es aber eine beachtliche Gruppe von Priestern und Ordensleuten, die in einer mal mehr, mal weniger festen – auch sexuellen – Beziehung leben.

Wie zölibatäres Leben gelingen kann

Mehr als der Hälfte der Priester gelingt es also, zölibatär zu leben, wenn man dabei mit bedenkt, dass das mit Krisen verbunden ist und gelegentlich das Zölibatsversprechen gebrochen wird. Nach meinen Erfahrungen haben *der* Mann und *die* Frau eine gute Chance, auf eine psychisch gesunde Weise ehelos leben zu können, die sich den normalen psychischen Entwicklungsschritten stellen. Sie sind am ehesten fähig, in einer mit ihrer Ehelosigkeit in Einklang zu bringenden Weise die Erfahrung von Intimität in ihrem Leben zu ermöglichen und zu gestalten. Sie sind weiter in der Lage, *zölibatäre* Freundschaften zu initiieren und zu pflegen. Sie machen in diesen Freundschaften die Erfahrung von Nähe, Verbundenheit und Zuneigung, die ihre Ehelosigkeit nicht gefährdet, sondern mit trägt und vertieft. Dabei hilft ihnen ihre Fähigkeit – als Teil der Fähigkeit zur Intimität –, Grenzen zu respektieren, die sie sich selbst – als Ausdruck der von ihnen gewählten und gefundenen Identität – setzen.

Ihre Fähigkeit zur Intimität und die damit einhergehenden Möglichkeiten, in ihrem Leben durch innige, tiefe, bedeutungsvolle Beziehungen Intimität zu erfahren, haben auch Auswirkungen auf ihre Beziehung zu Gott, die von ihrer Erfahrung von Intimität mitgeprägt ist. Sie machen sich nichts vor hinsichtlich ihrer

Sehnsucht nach Nähe, nach Wärme, nach Zuneigung und Liebe. Sie erfüllen diese Sehnsucht durch die Erfahrung von Intimität zum Beispiel in zölibatären Freundschaften, wohl wissend, dass diese Sehnsucht auch, wo sie sich in menschlichen Begegnungen erfüllen möchte, immer wieder an Grenzen kommt.

Zu dieser Sehnsucht nach Zuneigung und Liebe gehört auch die Sehnsucht nach Vereinigung. Die Erfahrung der Vereinigung, wie sie in der sexuellen menschlichen Begegnung geschehen kann, bleibt ihnen vorenthalten. In der Erfahrung tief erlebter Gemeinschaft, in Gipfelerfahrungen, die aus einer innigen Begegnung mit der Schöpfung, vor allem aber in der innigsten Vereinigung mit Gott erwachsen können, die sie als eine ihr ganzes Wesen berührende und ihre Tiefe ergreifende Erfahrung machen dürfen, kann immer wieder auch ihr Sehnen nach Verschmelzung und Vereinigung erfüllt werden.

Sie unterscheiden sich von zölibatär Lebenden, die sich nicht den normalen menschlichen Entwicklungsschritten stellen und deshalb nicht in der Lage sind, innige, tiefe Beziehungen zu anderen Menschen und schließlich auch zu Gott zu pflegen. Unter ihnen dürften sich auch solche Zölibatäre finden, die auf der ständigen Suche nach Anerkennung und durch die Ausübung von Macht vergeblich Ersatz suchen für nicht erfahrene Intimität in ihrem Leben. Sie versuchen die Leere, die sich einstellt, wenn wir keine echte Intimität erfahren, mit etwas zu füllen, was diese Leere letztlich nicht füllen kann. Sie sind auch in besonderer Weise dafür anfällig, ihre innere Unerfülltheit in einer von Liebe und Verbindlichkeit losgelösten Erfahrung von Sexualität zu befriedigen.

Im Unterschied zu den Zölibatären, die, fähig zu Intimität, ihrem tiefen Verlangen nach der Erfahrung von Intimität und Vereinigung gerecht werden, gibt es in ihrem Leben keine Menschen, zu denen sie eine innige, tiefe Beziehung unterhalten. Oft fehlt ihnen auch die Erfahrung der Verbundenheit mit dem EINEN, die sie davor bewahren würde, in Ängstlichkeit, Dogmatismus, Ritualismus und Formalismus zu erstarren.

Für den, der zölibatär leben will, gilt aber, dass er über alle menschlichen und körperlichen Voraussetzungen verfügt, um ganz Mensch zu sein, ohne sexuell aktiv bzw. sexuell frustriert oder irritiert zu sein. Er ist fähig zu tiefen Freundschaften, ohne verheiratet zu sein und ohne dadurch körperlich oder psychisch das Versprechen der Ehelosigkeit zu verletzen. Seine Fähigkeit zur Intimität geht über in seine Hingabefähigkeit, also fähig zu sein, nicht nur bei sich zu bleiben, sondern aus sich herauszutreten, produktiv und verantwortungsvoll zu sein, ohne Kinder zu haben und ohne dadurch das Gefühl zu haben, deswegen unvollkommen zu sein. Diese Hingabe macht ihn »weiter«, lässt ihn über sich hinausschreiten. Es ist die Bereitstellung seiner Energie, Sorge, Hingabe für andere, um so sich selbst zu transzendieren und jene Seite in sich zu entfalten, die zur vollkommenen Menschwerdung, zum vollkommenen Menschsein gehört.

Das Problem der Glaubwürdigkeit

Das ist eine ideale Form von zölibatärem Leben, die vor allem auch jene Priester, die das Charisma dafür haben, mal mehr, mal weniger leben. Doch wie sieht es mit denen aus, die zwar versuchen, dieses Ideal zu leben, aber ständig von der Wirklichkeit ihrer menschlichen Situation eingeholt werden? Junge Priester verlieben sich, leben für eine Weile heimlich die Beziehung, um sich schließlich klar für ihre Frau zu entscheiden und den Priesterberuf aufzugeben. Andere hängen so sehr an ihrem Priesterberuf, dass sie sich, wenn sie in einer Beziehung leben, mit ihrer Situation arrangieren. Das trifft vor allem auf viele ältere Priester zu, auch weil sie für sich beruflich keine echte Alternative sehen, ganz abgesehen davon, dass sie ihren Beruf lieben. Nicht wenige unter ihnen glauben, ihr Priestersein und zugleich in einer Beziehung zu leben, vor sich und Gott verantworten zu können. Bischöfe ahnen oft oder wissen auch, dass es sich bei manchen ihrer Priester so verhält, tun aber so, als ob sie es nicht wissen, und oft wollen sie es auch nicht wissen. Nicht wenige tolerieren es. Manche vielleicht auch, weil sie sich selbst in der gleichen Situation befinden. Dann gibt es jene, die ihre unerfüllte Sehnsucht nach Sexualität durch Pornografie, Besuche im Bordell, sexuelle Beziehungen zu Gemeindemitgliedern, Besuche in einschlägigen Saunen stillen. Man könnte sicher noch vieles mehr erwähnen.

Wenn man die Koppelung von Zölibat und Priestertum auflöst, würde manche der genannten Verhaltensweisen auf die eine oder andere Weise weiterbestehen. Doch, davon bin ich überzeugt, die Sexualität der Priester, die, solange es sie eigentlich nicht geben darf, aber natürlich doch gibt, in einer Art Dunkelraum stattfindet, könnte endlich verantwortungsvoll, erwachsen, lebensfördernd gelebt werden.

Die bisherige letztlich undurchschaubare Praxis der Kirche und ihrer Verantwortlichen bei Priestern, die in heterosexuellen oder auch homosexuellen Beziehungen leben, die sich zwischen harten Sanktionen auf der einen Seite und Dulden oder Wegschauen auf der anderen Seite bewegt und die Glaubwürdigkeit der Kirche unterhöhlt, könnte abgelöst werden durch eine größere Klarheit und Transparenz. Denn wie auch immer die Vorgehensweise der Verantwortlichen ist: Hier entsteht das Problem der Glaubwürdigkeit. Konkret heißt das, es wird nach außen hin etwas vorgegeben, was in Wirklichkeit nicht gelebt wird. Solche Situationen nehmen immer mehr zu. Das aber kann auf Dauer nicht gut gehen. Die Kluft zwischen dem, was wirklich gelebt wird, mehr oder weniger geduldet beziehungsweise schweigend hingenommen, und dem, was nach außen hin gefordert wird, wird immer größer.

Öffnen Sie die Tür!

Die genannten Gründe hatten mich dazu veranlasst, zweimal an den Papst zu schreiben, mit der Bitte, den Priestern freizustellen, ob sie zölibatär oder in einer Ehe leben möchten. Auf diese Briefe wurde unter anderem in der Süddeutschen Zeitung und in verschiedenen Radio- und Fernsehsendungen eingegangen. In meinem ersten Brief im Dezember 2014 schrieb ich an Papst Franziskus:

Lieber Papst Franziskus,
Sie sind ein Segen für unsere Kirche. Ihr segensreiches Wirken zeigt sich vor allem auch darin, dass in unserer katholischen Kirche endlich ein Klima der Angst einem Klima zu weichen scheint, in dem der »Wohlgeruch Christi«, wie es im 2. Korintherbrief heißt, zu riechen ist und es mehr als bisher möglich ist, offen über das zu sprechen, was in unserer Kirche im Argen liegt, was bedacht werden, was verändert werden oder was sich wandeln muss.

Das ermutigt auch mich, Ihre Aufmerksamkeit auf die Priester zu richten, genauer auf das Zölibat, für das sich die Priester als Lebensform verpflichten müssen. Ich bin ein Befürworter des Zölibats als Lebensform für solche Priester, die das Charisma dazu haben. Ich bin vielen Priestern begegnet, die auf eine überzeugende Weise zölibatär leben und von denen durch ihr Zeugnis Segen für sie und andere ausgeht. Ich bin aber auch unzähligen Priestern begegnet, die sich auch aufgrund des geforderten zölibatären Lebensstils in einer großen seelischen Not befinden. Diese Priester – unter ihnen auch immer mehr jüngere Priester – sehen sich nicht in der Lage, den in sie gesetzten Erwartungen hinsichtlich eines zölibatären Lebensstils nachzukommen, ja, erleben diese Lebensform als eine Last. Sie versuchen ihre Sehnsucht nach Beziehungen, in denen sie sich gehalten fühlen, in Beziehungen zu finden, die manchmal mit dem zölibatären Lebensstil in Einklang zu bringen sind, oft aber auch nicht. Die sich daraus ergebende Spannung verschärft ihre seelische Not.

Ich gehe davon aus, dass Sie um diese Nöte wissen. Sie haben durch Ihr segensreiches Wirken dazu beigetragen, dass die Bereitschaft unter den Priestern, die in Beziehungen leben, sich der eigenen Wahrheit und Wirklichkeit zu stellen, zugenommen hat. Das wird dazu führen, dass immer mehr Priester, die in Beziehungen leben, zu ihrer Beziehung stehen und diese Beziehung dann auch leben, als Priester der Kirche damit aber verloren gehen. Das ist schade.

Vor fast 40 Jahren führte ich mit Ihrem Mitbruder Karl Rahner – ich war damals 21 Jahre alt – ein Interview. Darin sagte er mir: »Bis jetzt hat die Kirche die Überzeugung, dass sie bei der Koppelung von Priestertum und Zölibat in einer echten und menschlich legitimen, also christlich überzeugten Weise handelt. In dem Augenblick, wo die Erfahrung der Kirche zeigen würde, dass es auf diese Weise nicht genügend Priester gibt, dann muss sie diese Koppelung aufgeben.« *Das ist ein möglicher Grund, die Koppelung von Priestertum und Zölibat aufzugeben.*

Ein anderer Grund, der für eine Entkoppelung von Priesteramt und Zölibat spricht, ist, dass die Priester, die angetreten sind mit der Absicht, zölibatär zu leben, es dann aber doch nicht tun beziehungsweise sich nicht dazu in der Lage sehen, nicht länger vor der Alternative stehen, entweder ihr Priesteramt zu verlassen oder im Amt zu bleiben und im Geheimen in auch sexuellen Beziehungen zu leben. Hier wird ein entscheidender Lebensbereich dann in einem Dunkelraum gelebt. Die dort praktizierte Sexualität und Intimität kann sich nicht wirklich entfalten und ist deswegen in besonderer Weise auch anfällig für psychisch und spirituell ungesunde Verhaltensweisen, die das zölibatäre Leben eher verdunkeln und in Misskredit bringen, ganz abgesehen davon, dass daraus ein ernstes Glaubwürdigkeitsproblem für die Kirche erwächst.

Dabei stimme ich Ihrem Mitbruder Karl Rahner zu, der in dem erwähnten Interview mit mir meinte: »Wenn jemand sagen würde, faktisch wird der Zölibat nur in idealer Weise gelebt, da würde er einen vollkommenen Unsinn sagen, weil wir, also auch die Zölibatären, selbstverständlich Sünder sind und schäbig.« *Richtig! Doch* so manche Sünden und manche schäbigen und psychisch ungesunden Verhaltensweisen und Entwicklungen könnten vermieden werden, wenn der ganze Bereich des Sexuellen und der Intimität innerhalb einer Priesterschaft, die zölibatäre und verheiratete Priester einschließt, einen selbstverständlichen Platz hätte.

Ein aus meiner Sicht noch tiefer gehender Grund für die Entkoppelung von Priestertum und Zölibat ist ein wirkliches Ernstnehmen der menschlichen Konstitution und dabei auch der Macht und der Kraft der menschlichen Sexualität oder, um es theologisch zu formulieren, der Schöpfermacht und der Schöpferkraft, die Gott uns in der Sexualität geschenkt hat. Wie Gott uns die Ewigkeit in unser Herz gelegt hat (vgl. Kohelet 3,1), für mich damit auch die letztlich unstillbare Sehnsucht nach dem Ewigen, nach Gott, so hat Gott uns mit der Sexualität eine Kraft verliehen, uns in ihr mit einer Dynamik ausgestattet, die zu dem Wesentlichsten und Schönsten gehört, was er uns schenken konnte. Ja, um es mit Hildegard von Bingen zu sagen, Gott hat uns mit der Sexualität eine Kraft geschenkt, hinter der nicht der lüsterne Satan, sondern »die Kraft der Ewigkeit« steht.

Um Gottes willen, der Menschen willen, unserer Kirche willen bitte ich Sie daher, alles Ihnen Mögliche zu tun, dass es in unserer Kirche weiterhin Priester gibt, die sich für ein Leben entscheiden, bei dem sie ihre sexuelle Kraft in den Einsatz für andere investieren und damit auf die ihnen gemäße Weise, ihrem Charisma entsprechend ihre in der Sexualität steckende Lebenskraft fruchtbar machen und verwirklichen. Dass es zugleich aber in Zukunft auch Priester gibt, die ihre Sexualität in ihrer Partnerschaft feiern und genießen dürfen und von innigen Beziehungen bereichert und genährt voller Leidenschaft ihr Bestes in ihrem Dienst als Priester geben.

Als Sie erklärten, dass die Tür zum Priestertum der Frau zu sei, waren viele Frauen in der Kirche enttäuscht. Die Diskussion darüber wird weitergehen und im Himmel, davon bin ich überzeugt, findet bereits eine heftige Diskussion darüber statt. Ich sehe vor mir die heilige Edith Stein, die alte Feministin, wie sie die wohlverdiente himmlische Ruhe des seligen Papstes Johannes Paul II.

mit Überlegungen über das Frauenpriestertum stört, die sie schon zu Lebzeiten entwickelt hat: »*Die neueste Zeit zeigt einen Wandel durch das starke Verlangen nach weiblichen Kräften für kirchlich-karitative Arbeit und Seelsorgshilfe. Von weiblicher Seite regen sich Bestrebungen, dieser Betätigung wieder den Charakter eines geweihten kirchlichen Amtes zu geben, und es mag wohl sein, dass diesem Verlangen eines Tages Gehör gegeben wird. Ob das dann der erste Schritt auf einem Wege wäre, der schließlich zum Priestertum der Frau führte, ist die Frage. Dogmatisch scheint mir nichts im Wege zu stehen, was der Kirche verbieten könnte, eine solche bislang unerhörte Neuerung durchzuführen.*«

Diese »unerhörte Neuerung« werden wir beide wohl nicht mehr erleben. Diese Tür ist für den Augenblick geschlossen. Es liegt an der Ruach, dem Heiligen Geist, ob sie eines Tages doch noch geöffnet wird. Die Tür, die zur Entkopplung von Priestertum und Zölibat führt, ist nach meiner Einschätzung im Unterschied dazu nicht geschlossen. Sie ist lediglich angelehnt. Es liegt an Ihnen, ob sie geöffnet wird. Öffnen Sie diese Tür! Darum bitte ich Sie inständig.

In brüderlicher Verbundenheit
Ihr Wunibald Müller

Im Dezember 2015 bekam ich dann, nachdem ich dem Papst nochmals einen Brief mit der gleichen Bitte geschickt hatte, Antwort aus dem Vatikan. Darin teilt mir im Auftrag von Papst Franziskus das Staatssekretariat des Vatikan mit, dass der Papst, der eingehend über meine Bitte und Erwägungen unterrichtet worden ist, es nicht für geeignet hält, »universalkirchlich eine Option zwischen einem verheirateten und einem zölibatären Klerus zu ermöglichen«. Gerade unsere Zeit, so heißt es weiter in dem Brief, »braucht dieses Zeugnis der Treue zu einer frei gewählten Lebensentscheidung und der Hingabe an die große Berufung, sich ungeteilt dem Herrn und seiner ›Sache‹ zu widmen«.

Interessant ist, dass in dem Brief auch auf eine Praxis hingewiesen wird, die bereits Papst Paul VI. in seiner Enzyklika Sacerdotalis angesprochen hat. Danach kann es einzelne Fälle einer Zulassung eines verheirateten Mannes zum Priesteramt geben, dies aber »keine nachteiligen Folgen für die herrschende Disziplin bezüglich des Zölibats mit sich bringen« dürfe. Das bezog sich bisher z. B. auf evangelische, verheiratete Priester, die bei einem Übertritt in die katholische Kirche dort als verheiratete Priester tätig sein können. Ob der Verweis auf diese Praxis als ein Hinweis zu verstehen ist, hier in Zukunft auch andere Personen, etwa verheiratete Diakone oder gar bewährte Laien, zum Priesteramt zuzulassen, geht aus dem Brief nicht hervor, ist aus meiner Sicht aber auch nicht auszuschließen.

Mit diesem Brief zeigt der Papst, dass er sich mit dem Thema Zölibat auseinandersetzt und die Arbeit jener, die sich von ihrem Erfahrungshintergrund her damit befassen, zu schätzen weiß. So bedankt er sich ausdrücklich bei mir für die Mitsorge für die Sendung der Kirche. Das weiß ich zu schätzen. Es ist diese Mitsorge für die Kirche, die mich auch nach diesem freundlichen Brief weiterhin hoffen lässt, dass es Gottes, der Gläubigen, der Priester, der Kirche wegen in unserer Kirche weiterhin Priester gibt, die sich für ein eheloses Leben entscheiden, es zugleich aber auch – und das nicht nur als Ausnahme – in Zukunft Priester gibt, die verheiratet sind.

Meine Vision von Kirche

Eine Kirche, die das Herz der Menschen erwärmt

Die menschliche und die heilige Kirche

Die Zugehörigkeit zur katholischen Kirche hat mir ein Leben lang viel bedeutet. Sie bedeutet mir auch heute viel, auch wenn mir die Erfahrung der Verbundenheit mit Gott mehr bedeutet und diese Erfahrung für mich nicht notwendig gekoppelt ist mit meiner Zugehörigkeit zur Kirche. Würde ich Kirche gleichsetzen mit all den Fehlern, Unzulänglichkeiten, Menschlichkeiten, die ich in der Kirche, nicht zuletzt auch bei denen, die in ihr eine besondere Verantwortung wahrnehmen, könnte ich nur den Kopf schütteln und »Adieu« sagen. Doch ich sehe auch das Gute, das Schöne, das die Kirche ermöglicht und auch mir ermöglicht hat. Es sind unter anderem ihre Bemühungen, Gott in unserer Welt sichtbar zu machen, gegen die »Verdunstung« Gottes anzugehen. Ich sehe die Männer und Frauen, die mithilfe der Strukturen und Institutionen der Kirche überall auf der Welt nicht nur von Gott erzählen, sondern durch ihren Einsatz Gott immer wieder Mensch werden lassen. Die der Einladung von Papst Franziskus (2016, 120), »hinaus auf die Straßen zu gehen, auf die Kreuzungen, und alle mitzubringen, die ihnen dort über den Weg laufen, ob gut oder böse, um sie zum Bankett zu laden«, Folge leisten.

So versuchte und versuche ich, bei aller kritischen Distanz gegenüber der äußeren, sündhaften Kirche eine positive Haltung zu der unvollkommenen äußeren Kirche, vor allem aber auch inneren Kirche, zu finden. Einer Kirche, zu der ich gerne gehöre, für die mein Herz schlägt, für die ich mich gerne einsetze, ja mein Herzblut gebe. Ich spüre mein inneres Ringen, wenn ich das schreibe. Ich will authentisch sein. Ich will, wenn ich Ja sage zur Kirche, auch dahinterstehen. Ich will, wenn ich dieses Ja nicht oder nicht mehr sagen kann, dann auch zu meinem »Nein« stehen. Solange ich aber »Ja« sage zu dieser Kirche, will und werde ich sie nicht fragwürdigen Gruppierungen, Bürokraten oder inflationären Kirchenbeamten überlassen, die zwischen Person und Amt nicht unterscheiden können.

Die Kirche ist *meine* Kirche, die aus der erfahrenen Nähe Gottes heraus spricht und handelt, die in dem, was sie lehrt, sagt, fordert, in dem, wie sie sich verhält, von der Nähe Gottes geprägt ist, die sich darum bemüht, Gott verstehbar, sichtbar, fühlbar machen. *Die* ist *meine* Kirche, die befolgt, was beim Propheten Micha (6,8) geschrieben steht: »Es ist tief ergründet, o Mensch, was gut ist und (darum) Jahwe von dir erwartet. Nichts anderes als dies: Gerechtigkeit üben, den Bruder lieben und in Demut wandern mit deinem Gott.« Dann ist sie die heilige, katholische Kirche, zu der ich mich im Glaubensbekenntnis bekenne, wohl wissend, dass die real existierende Kirche oft weit von dieser heiligen, katholischen Kirche entfernt ist.

Diese Kirche ist sehr menschlich. Es ist aber auch eine *ecclesia semper reformanda,* eine Kirche, die immer wieder erneuert werden muss. Ich bin in dieser Kirche aufgewachsen. Sie hat mich geprägt. Ich bin über sie mit Gott, mit Jesus in Kontakt gekommen. Sie gehört zu meinem Leben. Ich glaube, dass bei aller Unvollkommenheit, die meiner Kirche anhaftet, Christus in ihr wirkt, manchmal sichtbar, oft nur unsichtbar. Aber auch wenn ich »Ja« sage zur Kirche, vergesse ich keinen Moment, dass es nicht die Kirche ist, auf die ich baue, ja auf die ich letztlich setze. Das ist allein Gott, der der Grund meines Lebens ist.

Mich vom Heiligen nicht blenden lassen

Dan Brown lässt in seinem Roman *Illuminati* den Camerlengo, den Vertreter eines verstorbenen Papstes, sagen, dass wir alle vom Kontakt mit dem Göttlichen profitieren, selbst wenn dieses Göttliche nur eingebildet ist. Ich finde diese Aussage interessant. Der Vatikan »profitiert« sicher von dem Göttlichen oder auch Heiligen, das bei allen Skandalen immer noch irgendwie mit ihm in Zusammenhang gebracht wird. Er selbst fördert ein solches Bild von sich, indem der Eindruck erweckt wird, als stünden der Vatikan beziehungsweise seine Vertreter in einem besonderen Kontakt zu Gott. Bezeichnungen des Papstes als Heiliger Vater, Stellvertreter Christi oder gar Stellvertreter Gottes, unterstützen eine solche Vorstellung. Ich erinnere mich noch gut daran, wie der frühere bayerische Ministerpräsident Edmund Stoiber von Ehrfurcht ergriffen es fast nicht fassen konnte, dass durch die Wahl von Kardinal Joseph Ratzinger ein Bayer zum Stellvertreter Christi auf Erden geworden sei.

Als ich anlässlich einer internationalen Konferenz über Missbrauch für einige Tage im Vatikan weilte, spürte ich von dem Göttlichen oder Heiligen, das für manche vom Vatikan ausgeht, wenig, ja nichts. Ähnlich erging es mir in der Peterskirche, die mir eher wie eine große Museumshalle vorkam, oder auch bei meinem Besuch in der Sixtinischen Kapelle, sosehr mich Michelangelos Letztes Gericht faszinierte. Beim Abendessen mit Kardinal Ratzinger im Speisesaal der Casa Santa Marta, in dem inzwischen auch Papst Franziskus zu Mittag isst, kam für einen Moment eine Stimmung des *tremendum et fascinosum*, mit der ja das Heilige beschrieben wird, auf, als Kardinal Ratzinger, bekleidet mit einer Art Kutte, den Raum betrat. Von ihm ging zumindest zunächst eine Aura aus, die etwas von dem Furchterregenden hatte, das ja der Erfahrung des Heiligen innewohnen kann.

Etwas vom Göttlichen und Heiligen spürte ich am ersten Abend meines Aufenthaltes in der Casa Santa Maria, als ich die schon dunkle Kapelle des Gästehauses betrat, in der inzwischen Papst Franziskus jeden Tag die heilige Messe feiert, und ich dort schweigend im inneren Gebet verweilte mit Blick auf ein nur andeutungsweise sichtbares Kreuz. Ähnlich erging es mir, als ich früh am Morgen von den Vatikanischen Gärten aus den Sonnenaufgang erlebte und meine Aufmerksamkeit zunehmend von der beleuchteten Peterskuppel hin zum Feuerball der aufgehenden Sonne lenkte. Etwas vom Göttlichen spürte ich auch tief unter der Peterskirche, auf der Ebene des früheren Marsfeldes, auf dem die ersten Christen, unter ihnen vielleicht auch Petrus, ihr Leben lassen mussten. In dieser Nekropole, die aus einem Labyrinth unterirdischer Krypten mit Grabstätten besteht, fühlte ich mich auf eigenartige Weise den ersten Christen nahe, und mir wurde auf einer tieferen Ebene der Satz bewusst: Das Blut der Märtyrer ist der Samen der Kirche. Da spürte ich den Kontakt mit dem Göttlichen. Da regte sich in mir ein heiliger Schauer. Da quoll aus der Tiefe in mir ein Gefühl ganz besonderer Art. Es war, als berührte mich das Göttliche.

Als ich im Rahmen der erwähnten internationalen Konferenz im Vatikan für einige Tage in Rom lebte, war ich in der Casa Santa Marta untergebracht, in der jetzt auch Papst Franziskus wohnt. Ich weiß leider nicht mehr die Zimmernummer und kann daher nicht feststellen, ob es das Zimmer war, in dem sich jetzt der Papst aufhält. Ich denke daran, wie ich den Weg von der Casa Santa Marta zur alten Aula gegangen bin, vorbei an der Peterskirche und der Sixtinischen Kapelle. Es ist der Weg, den auch der Papst nimmt, wenn er von seinem Wohnsitz zum Papstpalast geht, um Gäste zu empfangen.

Es ist ein schönes Gefühl, wenn ich mich an diese Zeit und die Tage im Vatikan erinnere, zugleich merke ich aber auch, wie wichtig es ist, sich nicht zu sehr von einem Gefühl des Besonderen, Erhabenen, gar Heiligen einlullen zu lassen, sodass man nicht länger die Wirklichkeit sieht, die Schattenseiten übersieht, sich etwas vormacht oder auch vormachen lässt. Ich muss an den Psychologie-Kollegen denken, der mit mir an der Konferenz teilnahm, ein eher distanzierter Protestant ist und hellauf begeistert von einer Papstaudienz zurückkam, bei der er, seiner Beschreibung nach zu schließen, eine nahezu numinose Erfahrung machte. Ähnlich erging es Thomas Mann bei einer Privataudienz mit Papst Pius XII.

Für mich ist es wichtig, mich von nichts blenden zu lassen, wenn es um Gott geht, weder von einer Institution noch von Menschen. Mögen sie noch so eindrucksvoll sein und erhaben wirken. Es gibt ein Kriterium, ob etwas mit Gott zu tun hat oder nicht: die Liebe. Fehlt die, ist es nicht von Gott, denn Gott ist die Liebe. Es ist nicht das *tremendum et fascinosum*, das Numinose, es ist nicht das Kirchenrecht, es ist nicht der heiligmäßige Guru oder der Heilige Vater, die große Mutter, die wahre Lehre. Es ist einfach nur die Liebe. Denn Gott ist nur Liebe.

Die Kirche ist nicht zuerst der Vatikan, der Papst, die Bischöfe. Für mich ist Kirche zuerst Eucharistiefeier, Kommunion, Gemeinschaft mit Menschen, die der Glaube an Gott, der Glaube an Jesus Christus miteinander verbindet. Dass es in der katholischen Kirche einen Vorsteher gibt, der als Nachfolger des Apostels Petrus gesehen wird, macht Sinn und ist nachvollziehbar. Zunächst zumindest. Es wird schon schwieriger, wenn das mit dem Anspruch einhergeht, dass allein er in dessen Nachfolge steht. Dass dieser Vorsteher Staatsoberhaupt ist und, wie das bis Papst Franziskus der Fall war, wie ein König in einem Palast umgeben von höfischem Zeremoniell lebt, ist Luxus, Beiwerk, vielfach auch einfach unnötiges Beiwerk. Zumindest dann und solange das nicht in Einklang zu bringen ist mit dem, um das es eigentlich geht: den grenzenlos liebenden Gott zu verkünden und zu verwirklichen.

Kirche ist für mich der Versuch, jeden Tag erneut die Liebe zu konkretisieren, das Menschenherz Gott und dem Nächsten zuzuwenden. Zu diesem Nächsten gehören dann auch die, die im Vatikan leben und arbeiten. Wenn es mir gelingt, ihnen mein Herz zuzuwenden, wird vielleicht mein Herz größer, werde ich weiter, gelassener und groß-herziger. Was hat mir doch ein langjähriger Mitarbeiter von Kardinal Ratzinger, den ich bei meinem Aufenthalt im Vatikan traf, gesagt: »Bei Hofe überlebt man nur mit Humor.« Es gibt wohl auch einen Humor, der nicht einfach nur etwas zudeckt oder beschwichtigt. Es gibt auch einen Humor, bei dem wir uns selbst und die anderen nicht so wichtig nehmen.

Das Herz der Menschen erwärmen

In Papst Franziskus hat die katholische Kirche einen Papst, dem es darum geht, den Glauben zu stärken, »dass es Erlösung gibt, eine Hand, die uns aufnimmt, uns mit unendlicher Liebe überschwemmt, geduldig und nachsichtig« (Franziskus 2016, 337). Mich spricht das an wie Madeleine Delbrêl, die von sich schreibt, dass sie ein Feuer sein möchte, das von Christus auf die Erde geworfen wird; aber keines, das sozusagen hinter verschlossenen Türen gehütet wird, sondern ein Feuer, das sich in kleinen Funken versprüht und alles anzündet, was ihm unterwegs an Brennbarem begegnet.

Ganz im Sinne von Papst Franziskus, der sagt: »Die Kirche ist nicht in der Welt, um sie zu verurteilen, sondern um die Begegnung mit dieser ursprünglichen Liebe zu ermöglichen, die die Barmherzigkeit Gottes ist. Und ich sage immer wieder: Damit das geschehen kann, ist es nötig hinauszugehen. Hinauszugehen aus den Kirchen und Pfarrhäusern, hinauszugehen und die Menschen dort zu suchen, wo sie leben, wo sie leiden, wo sie hoffen« (2016, 74).

Die »Funken, die die Halme entzünden, sind für niemanden Bestimmten geschickt. Sie sind die kleinen Flammen dieses brennenden Dornbusches, der Jesus ist; und sie wählen die Leute nicht aus, denen sie begegnen, sondern können gar nicht anders, als immer zu lieben, weil sie Jesus selbst sind. Die kleinen Taten der Liebe, die von ihnen verlangt werden, sind völlig zweckfrei« (Schleinzer 2014, 97).

Wollen wir Feuer sein, das nicht hinter verschlossenen Türen gehütet wird, müssen wir aber einfach auf die Menschen zugehen, unabhängig davon, welcher Religion oder Konfession sie angehören. Dafür aber gibt es jeden Tag unzählige Situationen. Wie selbstverständlich könnten wir doch als Christen das leben und umsetzen, um was es uns im Tiefsten geht oder gehen sollte: Feuer der Liebe zu sein, das sich in kleinen Funken versprüht und alles anzündet, was ihm unterwegs an Brennbarem begegnet.

Wir werden nicht müde zu bedauern, dass sich unsere Kirchen leeren, die Menschen anscheinend kein Interesse mehr an Gott haben, unsere kirchlichen Angebote immer weniger gefragt sind. Dabei hätten wir wahrlich sehr viel zu tun, würden wir dieses Feuer nicht länger allzu ängstlich hinter verschlossenen Türen hüten oder uns gut überlegen, wem wir diese Funken der Liebe zugutekommen lassen. Gelten sie doch allen, denen wir begegnen. Würden wir das beherzigen, wir hätten mehr als genug zu tun.

Wie weit wir doch davon entfernt sind! Wir können uns lange mit dem aufhalten, was uns als Konfessionen voneinander trennt, dass Grenzlinien beachtet werden, die wir, nicht Gott, gezogen haben. Wir konzentrieren uns darauf, unser Klientel, das immer weniger wird, zu betreuen, statt zweckfrei, ohne Hintergedanken, die kleinen Taten der Liebe zu tun, die von uns als Flammen der Liebe des brennenden Dornbusches, der Jesus ist, verlangt werden. »Sie wollen nicht aufbauen, nicht bekehren, nicht heilen – sie wollen Jesus Christus sein … vom Öl des Barmherzigen Samariters bis zum Essig des Kalvarienbergs«, so Madeleine Delbrêl (Schleinzer 2014, 97). Weiter schreibt sie: Jeder Christ und jede Christin bilden »inmitten der Welt eine Übergangsstelle der Gnade«. »Lernen wir, dass es nur eine einzige Form der Liebe gibt: Wer Gott umarmt, findet in seinen Armen die Welt; wer in seinem Herzen das Gewicht Gottes aufnimmt, empfängt auch das Gewicht der Welt« (Schleinzer 2014, 175). Hier spricht mir auch der protestantische Theologe Paul

Tillich aus dem Herzen, für den der Beweis für den Sündenfall der Welt die Religion selber ist, nämlich eine religiöse Kultur neben einer Welt dieser Kultur – ein Tempel neben einem Rathaus, das Abendmahl des Herrn neben einem täglichen Abendessen, das Gebet neben der Arbeit, Meditation neben Forschung, caritas neben eros (vgl. Feldmann 2004, 57).

Wenn ich Madeleine Delbrêl zuhöre, geht mir das Herz auf. Das ist eine Frau der Kirche. Sie überzeugt mich. Sie steht für eine Kirche, der ich gerne angehöre. Solche Personen finde ich in und außerhalb der Kirche. Entscheidend ist, dass wir den Menschen so begegnen, wie es Madeleine Delbrêl beschreibt. Und wenn die Kirche oder die Zugehörigkeit zu ihr, dazu zusätzlich motivieren kann, spricht das für sie und erweist sie sich als Werkzeug Gottes, der die Liebe ist. Ich finde es auf diesem Hintergrund auch manchmal unangebracht und fast ärgerlich, wenn Kommentatoren nicht müde werden, die vielen Kirchenaustritte mit dem, was manche »Gottesverdunstung« nennen, gleichzusetzen. Ich glaube nicht, dass Gott verdunstet, jedenfalls sind die Kirchenaustritte kein Indiz dafür. Wer wach dafür ist, wer nicht davon ausgeht, dass die Kirche oder auch die Kirchen die Exklusivrechte für Gott besitzen, wird Gott, der die Liebe ist, in unzähligen Gesten, Verhaltensweisen, Begegnungen, Ereignissen entdecken, die mit Kirche in keinem Zusammenhang stehen.

»Die Kirche ist nicht auf der Welt, um zu verurteilen, sondern um den Weg zu bereiten für die ursprüngliche Liebe, die die Barmherzigkeit Gottes ist. Damit dies geschehen kann, müssen wir hinausgehen auf die Straße. Hinaus aus den Kirchen und Pfarrhäusern, um den Menschen dort zu begegnen, wo sie leben, wo sie leiden, wo sie hoffen«, sagt Papst Franziskus (2016). Es geht darum, wie die Botschaft von Gottes grenzenloser Liebe und Barmherzigkeit unter die Menschen gebracht werden und im Alltag umgesetzt werden kann. Dafür ist die Kirche da. Das ist ihre erste Aufgabe.

In einer Welt der Hilflosigkeit, der Entfremdung, der Entmenschlichung, des Terrors, einer Welt, in der die Kluft zwischen Armen und Reichen immer größer wird, bedarf es einer besonderen Anstrengung, dass die Botschaft von der Liebe und Barmherzigkeit nicht untergeht. Es gibt viele Einzelpersonen, viele Institutionen, die dafür Sorge tragen, dass genau das geschieht, auch wo es um die Umsetzung von Liebe durch konkretes Tun geht. Die Christen müssten hier an vorderster Front stehen. Denn die grundlegende Wahrheit des Alten und des Neuen Testamentes: »Liebe Gott mit allen deinen Kräften und deinen Nächsten wie dich selbst«, kann für uns Christen nur heißen: unser Herz Gott und den Mitmenschen zu öffnen, eine Kirche zu sein, »die durch ihre Nähe und Zugehörigkeit das Herz der Menschen erwärmt« (Franziskus 2016, 28). Da wird in aller Deutlichkeit klar, was das Erkennungszeichen, was die Strahlkraft des Christen, der Kirche, ausmacht bzw. ausmachen sollte.

Solange eine kirchliche Einrichtung, eine Kirche in ihren vielfältigen Ausprägungen das »leistet«, stellt sie sich in den Dienst Gottes. Das gilt auch, wenn durch Bürokratie, menschliche Unzulänglichkeiten und Schwäche diese Einrichtung oder Kirche vieles von ihrer Strahlkraft, ihrer Überzeugungskraft und Wirkungskraft verloren hat, wie das ja auf die katholische Kirche zutrifft. Manchmal muss man genauer hinschauen oder auch etwas Geduld aufbringen, um hinter all dem Schutt an Dummheit, Borniertheit, Falschheit, narzisstischem Getue das Bemühen zu entdecken, Gott, der die Liebe selbst ist, Wirklichkeit in unserer Welt werden zu lassen. Letztlich werden es auch in den Kirchen vor allem einzelne Personen sein, die zum Ausdruck von Gottes Liebe werden. Es gibt unzählige Personen in der Kirche, unter ihnen offizielle und inoffizielle Heilige, die sich der Barmherzigkeit verschrieben haben, Initiativen ergriffen, Bewegungen und Orden ins Leben gerufen haben, ja, ihr Leben hingegeben haben, um Gottes Liebe und Barmherzigkeit in der Welt zu verwirklichen. Es bedarf auch einer Organisation, um all die Kräfte binden zu können, die nötig sind, um konkrete Schritte zu unternehmen und auf den Weg zu bringen, die Gottes Liebe praktisch umsetzen. Da geschieht auch viel Segensreiches durch und dank der Kirche.

Max Pearse, mein blinder Freund aus der Zeit, als ich Ende der 1970er-Jahre, Anfang der 1980er-Jahre in Berkeley studierte, Anglikaner und Professor für Theologie, meinte mir gegenüber einmal: Wenn man die Macht der Banken in San Francisco sieht, wird einem klar, dass auch die Kirche oder die Kirchen stark sein müssen, sich organisieren müssen. Das kann man sicher auch anders sehen. Bei aller Gefährdung, die davon ausgeht, wenn man Macht innehat, darf man die Möglichkeiten, die damit einhergehen, nicht übersehen. Eine Kirche, die ihre Macht, die den Einfluss, der von ihr ausgeht, dazu nutzt, christliche Werte zu schützen, wirkungsvolle Anwältin für die Vernachlässigten, Entrechteten, Armen zu sein, kann eine große Bedeutung haben. Das Wort eines Papstes, der sich für die Flüchtlinge einsetzt, hat Gewicht, weil er der Vorsteher einer großen Organisation ist. Wie viel es tatsächlich bewirkt, ist eine andere Frage. Aber seine Stimme findet immerhin Gehör.

Eine Kirche, der es zuerst um Gott geht

Eine Kirche, die es Gott gleichtut

Wenn wir uns in der Kirche von der Liebe Gottes berühren lassen, um, angeregt und angestachelt durch diese Berührung, in dem, was wir sagen und tun, das Herz der Menschen zu erwärmen, dann ist in einer solchen Kirche kein Platz für Klerikalismus, für ein »Oben« und ein »Unten«. Dann schauen wir uns voller Hochachtung und Liebe an und blicken zusammen in eine Richtung: auf Gott, der die Liebe selbst ist.

Alles, was wir in der Kirche tun oder auch nicht tun, muss vor Gott, der die Liebe ist, bestehen können. Das gilt für jeden von uns, vom einfachen Christen bis hin zu den Priestern, den Bischöfen und dem Papst. Liebe kommt im wirklichen Dasein für andere zum Ausdruck. Nicht in Worten. Nicht in Versprechen und Zusagen. Liebe muss konkret werden durch Dasein, durch Berührung, durch Aushalten in Zeiten der Dürre und Dunkelheit. Liebe, gar Liebe, die stärker ist als der Tod, sie ist der stärkste Ausdruck Gottes. In ihr und durch sie wird Gott immer wieder neu Mensch, nimmt er Fleisch an. Eine solche Liebe aber erfordert Mut, Ausdauer. Liebe ist größer als alles, auch größer als die Wahrheit. Sie bemüht sich um die Wahrheit. Eine Wahrheit ohne Liebe aber ist eine tote Wahrheit.

Marie Noël, die bis zu ihrem Tode im Jahre 1967 in der kleinbürgerlichen Welt ihrer Geburtsstadt Auxerre gelebt hat, schreibt (2005, 31 f.):

»Was für eine sonderbare und einseitige Vorstellung haben wir doch manchmal von der Wahrheit Gottes?

Aufgrund welcher Anmaßung stellen wir uns diese Wahrheit als einen Bereich begrenzten Lichts vor, welchen die Inhaber des göttlichen Rechtes ein für alle Mal mit Grenzsteinen gesichert haben ...

Aus Angst, dass sie entweichen, schließen wir sie ein, bewachen sie im Grab, umstellen sie mit Wachen, rollen den schweren Mühlstein auf sie, der sie an der Flucht hindert, und auf den Stein drücken wir das Siegel der Autorität ...

Aber Gott lebt, auferweckt vom Tod entweicht er dem Siegel, dem Stein und den Wachen zum Trotz, und sein Geist weht über das Land, wo er will.«

Mir scheint, dass eine Wahrheit dort wahrer ist, wo sie lebendiger ist, sich bewegt, sich entwickelt und zu jeder Zeit neue Früchte trägt; dass sie dort göttlicher ist, wo sie sich dem äußeren Anschein entzieht, um ein wenig weiter entfernt wieder in einem anderen Licht zu erscheinen, dort ewiger, wo sie in uns für immer unvollendet bleibt, begrenzt und sich für unsere Augen mit der Stunde des Tages, dem Alter des Menschen, dem Gang der Jahrhunderte wandelt und im Grunde für alle – für alle Jahrhunderte und für alle Menschen – dennoch immer die Erleuchtende, immer die Ernährende bleibt. So wie die folgende Wahrheit, das Licht der Lichter: »Liebe Gott in all deinen Kräften und deinen Nächsten wie dich selbst.«

Eine Kirche, die Gott, der die Liebe ist, verkündet, Kunde gibt von diesem Gott, kann hinter diesem Gott nicht anstehen. Sie muss in allem, was sie tut, es Gott gleichtun. Eine solche Kirche verrennt sich aber nicht in Bestimmungen, die Menschen ausschließen, etwa von der Kommunion, weil sie einem anderen Glauben angehören oder schon einmal verheiratet waren, sich haben scheiden lassen und wieder geheiratet haben. Eine Kirche, die sich so verhält, bleibt weit hinter Gott zurück.

Eine Kirche, die es Gott gleichtut, ist eine einladende Kirche, die ihre Türen weit geöffnet hat. Bei der man keinen Ausweis vorlegen muss, die nicht prüft, was man glaubt, nicht kontrolliert, wie man lebt. Es ist eine Kirche, die allein danach strebt, Gottes grenzenlose Liebe und Barmherzigkeit unter den Menschen Wirklichkeit werden zu lassen. Sie ist kein Ort, um dort Karriere zu machen, sich selbst in den Mittelpunkt zu stellen, sich bewundern und verehren zu lassen. Sie versteckt sich nicht hinter Mauern, Ritualen, Gesetzen, Glaubensformen, die dann auch noch für wichtiger gehalten werden als Liebe und Barmherzigkeit. Diese Kirche gibt es längst als unsichtbare und zugleich sichtbare Kirche. Unsichtbar, weil es keine Struktur gibt, sichtbar in den Menschen, die zum Ausfluss von Gottes Liebe werden. Sie sind die eigentliche Kirche.

Die sichtbare Kirche bei uns in Deutschland, in Österreich usw. wird immer unsichtbarer, weil sie sich selbst im Wege steht. Diejenigen, die das Sagen haben, wollen nicht verstehen, dass zunächst die Mauern geschleift werden müssen, die Menschen davon abhalten, dem, was die Kirchen eigentlich zu sagen hätten, zuzuhören. Sie sind so sehr fixiert auf die äußere Kirche und ihren Erhalt, dass sie dabei den Blick auf DEN verlieren, um den es geht. Das aber ist Gott und da sind die Menschen, die Gott bedingungslos liebt. Darum geht es. Nicht um den Papst oder den Vatikan, auch zunächst nicht um den Zölibat oder das Priestertum der Frau und so weiter und so fort. Wohlgemerkt zunächst nicht. Es geht dann auch um sie, wenn es darum geht, die Liebe Gottes zu konkretisieren.

In erster Linie geht es um Gott

Mir ist im Laufe meines Lebens immer klarer geworden, dass es vor allem und in erster Linie um Gott geht. Gott aber ist natürlich in der katholischen Kirche nicht mehr präsent als in der evangelischen Kirche oder einer anderen Religion. Er lässt sich von niemandem festlegen. Auch lässt er niemanden über sich verfügen, auch keine Kirche und keinen Papst. Gott ist aber sicher da, wo Liebe gelebt wird.

Wir haben in den Religionen, in den Kirchen Formen gefunden, um mit Gott zu »kommunizieren«. Sie wollen dazu beitragen, uns Gott zu nähern, Gott »darzustellen«. Der Ruf nach der Einheit, oft noch mit dem Hinweis, dass das im Sinne von Jesus oder Gott ist, ist gut gemeint. Dass wir eins sind, können wir darin zeigen, indem wir uns gegenseitig respektieren, zugestehen, dass wir alle nur Suchende, Ahnende, uns um die Wahrheit Bemühende sind, wenn es um Gott geht. Dass wir uns dabei gegenseitig bereichern können, dankbar sind für das, was der jeweils andere dazu beitragen kann.

Das verlangt von mir nicht, jetzt nicht länger katholisch zu sein. Es verlangt von mir, als Katholik nicht eng zu sein, Gott, meine Vorstellungen von ihm, meinen Kontakt zu ihm nicht nur in katholischen »Schemata«, Praktiken, zu pflegen. Sie sind mir wichtig, gehören dazu, stellen eine Hilfe, manchmal aber auch lediglich eine Krücke dar, um mit Gott zu kommunizieren. Vor allem aber heißt katholisch sein für mich nicht zu glauben, es besser zu wissen, der Wahrheit näher zu sein, auch weil genau dann, wenn ich das glaube, ich entfernter davon bin.

Deshalb wünschte ich mir auch, dass die katholische Kirche nicht mit einer so großen Selbstverständlichkeit davon ausgeht, direkt am Ohr Gottes zu sitzen, sozusagen über einen heißen Draht zu Gott zu verfügen. Dass das, was sie tut, wofür sie steht, auf die Einflüsterungen Gottes zurückzuführen ist. Sie erweckt damit den Eindruck, als sei sie Gott besonders nahe, dabei ist sie ihm doch oft so fern. Sie ist ihm vor allem in ihrem Klerikalismus fern, der oft dafür herhalten muss, Macht zu rechtfertigen, die spirituell verbrämt wird.

Auch finde ich es peinlich, wenn die katholische Kirche den Himmel jetzt auch noch ausstaffiert mit ehemaligen Päpsten, indem sie sie zu Heiligen erklärt, sosehr natürlich Papst Johannes XXIII. für mich ein Heiliger ist. Aber was ist das für ein Denken? Als könnten wir über den Himmel verfügen. Es ist ein Denken, über das Gott, wenn ich ihm menschliche Züge geben will, nur milde lächeln kann.

Der katholischen Kirche täte es gut, sich in großer Demut zuzugestehen, dass alles, was sie versucht, über Gott zu sagen, nicht mal einem Tropfen im Meer entspricht, da Gott viel, viel, viel mehr und noch einmal ganz anders ist. Wenn die Kirche mit dieser Zurückhaltung von Gott redet und entsprechend ihren Möglichkeiten und ihrer Tradition versucht, den Kontakt zu Gott zu kanalisieren, kann es geschehen, dass auch mit ihrer Hilfe, wie es Pierre Teilhard de Chardin beschreibt, der göttliche Einfluss uns Menschen möglicherweise erreicht. Für mich geschieht das vor allem in der Feier der Eucharistie. Zu einem solchen Verständnis von Katholischsein kann ich »Ja« sagen. Zu einer katholischen Kirche, die sich so versteht, bekenne ich mich.

Gott, den ich erahne

Ich erinnere mich daran, wie ich gebeten wurde, einen Beitrag für ein Lexikon zu schreiben, das von dem renommierten Theologen Eugen Biser herausgegeben wurde. Ich sollte darin einen Artikel darüber schreiben, welche Kraft für die Angstbewältigung aus dem Glauben heranwachsen kann. Eugen Biser, den ich sehr schätze, hatte keinen allzu großen Gefallen an meinem Beitrag. Doch er veröffentlichte ihn. Mir wurde aber ein Beitrag zum Thema zugeschickt, den er verfasst hatte und der mir demonstrieren sollte, was man sich so vorgestellt hatte, wie mein Beitrag aussehen sollte. Das, was er schrieb, war mir einfach zu gewaltig. Da wurde für mich zu selbstverständlich von der Kraft und Macht Gottes ausgegangen, die in der Lage ist, die Angst zu besiegen. So kann und will ich nicht von Gott reden. Auch entspricht es nicht meiner Erfahrung.

Gott ist in meiner Vorstellung da, wenn ich in Angst bin. Er ist bei mir und mit mir in solchen Situationen. Er hilft mir zu wissen, vor allem aber zu spüren, dass er da ist. Ich bin nicht allein. Er nimmt auch nicht einfach die Angst weg. Ich muss sie aushalten, bestehen, mich ihr stellen. Es ist gut, zu wissen und zu erfahren, dass ich mich ihm überlassen kann. Es lindert meine Angst, umfängt sie und bettet sie damit ein in etwas, das größer ist, größer als manche Enge, mein enges Denken, mein eingeengtes Hoffen und Vertrauen. Diese Enge, die in der lateinischen Sprache mit *angustae* übersetzt werden kann, das gleiche Wort, das für Angst gebraucht wird, ist da der Grund für meine Angst. Und diese Enge wird geweitet, wenn ich mich Gott überlasse.

Den Gott, den ich so ganz vorsichtig erahne, der da ist, bei mir und mit mir ist, für mich da ist, ob er für mich nun nah erfahrbar oder aber weit entfernt erscheint. Ich brauche da keinen gewaltigen Gott, schon gar nicht einen Gott der mächtigen, aber letztlich nichtssagenden Worte. Ich brauche da auch keinen Gott, der mir in irgendwelchen Glaubensbekenntnissen und Lehrsätzen beschrieben wird, so wichtig diese sein können. Was mir hilft, ist diese ahnungsvolle Erfahrung: Da gibt es noch etwas anderes, Größeres, das für mich dann irgendwann zu DEM ANDEREN, DEM GRÖSSEREN wird, ja schließlich zum DU.

Ich kann daher den Fernsehpredigern, die so selbstverständlich, so selbstsicher meinen, von Gott reden zu können, wenig abgewinnen. Mich stößt das ab. Sie vermögen für mich mit ihren Worten nicht den Funken zu beleben, der bei einer Gotteserfahrung aufblitzt. Vielmehr besteht bei ihnen die Gefahr, dass sie ihn auslöschen.

Wenn ich mir die Bilder von Edvard Munch in der Nationalgalerie im Rahmen einer Sonderausstellung anlässlich seines 100. Geburtstages in Oslo anschaue, erwecken sie bei mir den Eindruck, dass da einer tiefer geschaut hat. Da hat einer weiter gesehen, als wir es normalerweise tun. Da tastet sich jemand heran an die Grenze zwischen Diesseits und Jenseits. Da werden zwei Menschen, die sich küssen, zu einer Person, vermischen sich miteinander. In einem späten Werk gehen die Lebenden geradezu auf in der Natur. Da steht einer da, berührt durch »ein großes unendliches Geschrei, das durch die Natur« dröhnt. Er ist entsetzt ob des Geschreis, das er vernimmt. In unmittelbarer Nähe das Bild mit dem Titel »Angst«.

Wenn ich diese Bilder auf mich wirken lasse, sinken die Eindrücke, die davon für mich ausgehen, tief in mich ein. Sie berühren mich, berühren meine Seele. Ich spüre Angst, die Verzweiflung, die darin zum Ausdruck kommt. Auch weil sie Ausdruck meiner Angst und Verzweiflung sind. Im Bild mit dem Titel »Der Schrei« vernehme ich das Geschrei der geknechteten Natur, den Schrei der geknechteten Menschen, nicht nur derer, die in Unfreiheit leben, die sich auf der Flucht befinden, sondern auch jener, die anscheinend in Freiheit leben, in Wirklichkeit aber Geknechtete des Erfolgs, des Kapitals und Konsums sind. Vor allem aber blickt mir in diesem Gesicht das Entsetzen über den Schrei, das Gebrüll dessen entgegen, der am Kreuz schreit: Warum hast du mich verlassen?

Und jetzt bin ich wieder an der Stelle jener Erfahrung der Gottesbegegnung, eines vagen Gefühls: Da ist mehr, da ist noch etwas anderes, Größeres. Das ist schon viel und mehr müsste gar nicht sein. Und doch da geschieht noch etwas anderes. Da wird dieses vage Ahnen zum – ja, zu was? Da wird es laut. Da bleibt es nicht bei einer inneren Erfahrung. Da wird es konkret. Das geht nicht auf Kosten der Urerfahrung der Gottesbegegnung. Die bleibt als Urerfahrung und Grunderfahrung. Sie wird aber konkretisiert, verdichtet, durch den, der selbst ergriffen ist von dieser Erfahrung, unüberbietbar ergriffen davon, Inkarnation dieser Erfahrung wird. Die Erfahrung wird zum Fleisch, substanzialisiert sich in einem Menschen. Welch ein Vorgang! Welch eine Gnade!

Ist das Zufall? Ich sitze auf einem kleinen Balkon meines Hotels in Oslo. Nach dem Morgenhymnus, in dem von dem verworrenen Chaos dieser Welt die Rede ist, treffe ich in den Theologischen Gebeten von Romano Guardini (Frankfurt 1948, 30) auf einen Text über den Vater und den Sohn. Da heißt es: »Niemand, Vater, hat dich je gesehen; nur der einziggeborene Sohn, der an dem Herzen war, hat uns Kunde gebracht.« Er war deine lebendige Offenbarung, und »wer ihn sah, der sah dich«.

Wer dem zustimmen kann, für den erhält seine Ursprungserfahrung von Gott menschliche Züge, erhält sie eine Gestalt. Auch hier gilt, nicht selbstverständlich davon auszugehen, zu würdigen, wie Romano Guardini schreibt: »Denen du die Augen aufgetan, die ›haben die Herrlichkeit des Einziggeborenen geschaut, voll der Gnade und Wahrheit‹«.

Ich sitze da, überlege, was das heißt, was das für mich heißt, was das für meine Kirche heißt. Hier, heute. Ich habe mich immer etwas überwinden müssen, in der gleichen Weise von Jesus zu sprechen, zu Jesus zu reden, wie ich es mit Gott tue, ganz abgesehen davon, dass es mir nach wie vor schwerfällt, überhaupt *über* Gott zu reden. Menschen wie Henri Nouwen haben mir geholfen, unbefangener mit Jesus ins Gespräch zu kommen, doch so unbefangen, wie ich es mit Gott tun kann, kann ich es mit Jesus nicht (schon gar nicht mit Maria). Ja, aber was heißt das für mich?

Das heißt für mich, dass mein Kontakt zu Jesus eingebettet ist in meinen Kontakt zu Gott, den ich zwar Du nenne, der mit diesem Du aber immer auch das große Geheimnis und der ganz Andere bleibt. Ich muss an Willigis Jäger denken, der mir schrieb, Thomas Merton spreche für seine Begriffe noch zu viel von Gott. Ich schätze Willigis Jäger, muss ihm aber hier widersprechen. Für mich spricht er nicht zu oft von Gott. Wenn ich seine Tagebücher lese, geht mir das Herz auf. Wie er von Gott spricht, der für ihn in allem (in allem, was er tut) durchscheint und wirkt, entspricht meiner Beziehung zu Gott und meiner Erfahrung mit Gott. Er weiß um mich, hat etwas mit mir vor, umfängt mich. Das ist eigentlich unglaublich und doch glaube ich daran. Das ermöglicht mir auch, mich Gott einfach zu überlassen. Mein Leben (und irgendwann mein Sterben) in seine Hände zu legen.

Lege ich mir da etwas zurecht? Mache ich mir da etwas vor? Ich kenne Augenblicke, Phasen in meinem Leben, in denen ich mich frage: Halte ich mich, indem ich an Gott glaube, nicht an etwas fest, was es gar nicht gibt? Woher nehme ich die Gewissheit, Zuversicht, dass es Gott gibt? Welche Bedeutung hat dabei die Kirche für mich? Allein, dass es eine Kirche gibt, überzeugt mich nicht, wenngleich die Kirchen auf Gott verweisen wollen oder sollten. Was ist es, was mich von Gott nicht loslässt? Weil ich es so will? Weil ich es brauche? Weil ich sonst verzweifeln würde? Ich weiß es nicht. Mit fällt Pascal ein mit seiner tiefen Erkenntnis und Erfahrung, die bei ihm eine Umkehr bewirkt hat: »Gott Abrahams, Gott Isaaks, Gott Jakobs, nicht der Philosophen und Gelehrten. Gewissheit, Gewissheit, Empfinden, Freude, Friede. Gott Jesu Christi.« Kann ich das so auch für mich sagen?

Ja, letztlich beschreibt das diese Urerfahrung oder Grunderfahrung von Gott, von der eine innere Gewissheit ausgeht, dass Gott ist, da ist, bei und mit mir ist. Diese Gottes-Erfahrung ist für mich entscheidend, nicht eine Beschreibung Gottes, etwa in Form eines Lehrsatzes oder eines Glaubensbekenntnisses. Diese haben ihre Bedeutung, aber ohne die Gottes-*Erfahrung* wären sie für mich Leersätze und Floskeln.

Es ist diese Erfahrung, die für mich zählt. Bei der ich mich umfangen weiß von dem großen Geheimnis, dass ich Gott nenne. Ich habe dann kein großes Bedürfnis, darüber zu reden, mich erklären zu müssen. Es genügt mir, mich davon umfangen zu lassen. Ich tauche ein in die Verbindung mit Gott im Gebet, in der Meditation, in der Eucharistiefeier, bei einem Gang durch die Natur. Ich tauche bewusst in sie ein. Mache ich sie mir bewusst, ist diese Verbindung doch etwas, was mich Tag und Nacht umfängt.

Es ist so. Gott ist unsichtbar. Er ist nicht einfach da. Er meldet sich nicht direkt. Ja, es gibt Menschen, die haben letztlich noch nichts von ihm gehört, die erstaunt es, wenn andere von ihm reden. Ich glaube, wir müssen immer wieder davon ausgehen, dass es Gott nicht gibt, wie es zum Frühstück Kaffee gibt. Wir haben Kirchen, wir haben die Bibel, da gibt es Menschen, die von Gott erzählen, predigen, doch damit gibt es noch nicht Gott. Sie sagen zunächst noch gar nichts aus über Gott, oder ob es Gott gibt.

Da ist zunächst einmal ein Nichts, eine Behauptung, eine Spekulation. Und dann gibt es dieses Erahnen, diese innere Gewissheit. Sie ist und bleibt für mich das entscheidende »Kriterium«, dass es Gott gibt. Und dass Jesus lebte, das kann ich nur hoffen – und ich gehe davon aus. Dass er Gottes Sohn ist, das kann ich auch glauben – oder auch nicht – und ich glaube daran. Aber das sagt – für mich – noch nicht viel. Was mir etwas sagt, ist, dass ich Gottes Anwesenheit erfahre. In diesem Augenblick ist die Wand durchbrochen, »sehe« ich, was ich vorher nicht sah, »weiß« ich, was ich vorher nicht wusste, »glaube« ich, in der Tiefe, was ich vorher nur oberflächlich geglaubt habe.

»Die Mysterien finden auf dem Hauptbahnhof statt«

Was bedeutet den Menschen von heute Gott und die Kirche? Während ich auf dem Bahnhof Berlin-Gesundbrunnen auf meinen Zug nach Birkenwerder warte, gehe ich der Frage nach, was den Menschen, denen ich hier begegne, Gott bedeutet? Welche Rolle spielt er in ihrem Leben, ja, spielt er überhaupt eine Rolle? Ich weiß es nicht. Mir fällt »nur« ein: Gott, das »Wissen« um ihn, die Erfahrung von ihm, bereichert mein Leben.

Kann es wirklich so einfach sein?, mag man da schon fragen, und frage ich mich selbst. Aber im tiefsten Inneren ist es so einfach: Gott zu spüren. »Es ist das Herz, das Gott fühlt und nicht der Verstand« (Blaise Pascal). Gott zu spüren und aus dieser Erfahrung zu leben. Aus dieser Erfahrung heraus das Leben zu leben, wirklich zu leben. Manchmal auszukosten, manchmal zu bestreiten, zu bestehen, auszuhalten.

Wenn ich das auf mich wirken lasse, kehrt Frieden bei mir ein. Ich schließe meine Augen und fühle mich ganz. Ich vernehme ganz tief in mir eine Stimme, die sagt: »Es ist gut so, wie es ist.« Ich fühle mich eins – ja, womit? Ich kann das gar nicht beschreiben. Mit Gott, mit dem Universum, dem großen Geheimnis. Ich will es gar nicht beschreiben. Ich will es einfach nur auskosten. Ich will einfach nur sein.

Um diese Erfahrung zu machen, brauche ich keine Religion, keine Kirche, keinen Papst, keinen Priester, keine Dogmen usw. Das ist das Schöne und zugleich so selbstverständlich: Jeder kann diese Erfahrung machen, kann auf eine so innige Weise – und jetzt rede ich doch von Gott – Gott spüren. Diese Erfahrung ist zuallererst eine ganz persönliche Erfahrung und bedarf zunächst einmal auch nicht der Hilfe irgendeines anderen. Ich glaube, das muss man sich erst einmal so richtig bewusst machen. Der Kontakt mit Gott, Gott zu spüren, alles, was daraus erwächst an Erfahrungen von Geborgenheit, Trost, Sinn, Liebe, Hingabe, Befreiung, Erlösung ist Gottes Sache, Ausfluss des Geheimnisvollen, Unendlichen, Unsagbaren und Unverfügbaren, darüber kann niemand anderer verfügen. Wie überhaupt niemand für sich in Anspruch nehmen kann, für unseren persönlichen Kontakt mit Gott verantwortlich zu sein. Als habe er da etwas mitzureden. Ja, als entscheide er, ob und wann, unter welchen Voraussetzungen mich Gott liebt, ich ihn wirklich erfahre. Das würde ja heißen, zu glauben und wie wir unseren Kontakt mit Gott gestalten müssen, um wirklichen Kontakt mit Gott zu haben, sei seine Sache.

Nein. Niemand darf seine Freiheit, allein mit Gott in Kontakt treten zu können, ihn zu spüren, irgendjemandem, auch nicht seiner Kirche, abgeben. Er tritt damit nämlich zugleich auch seine Verantwortung dafür ab. Vor allem aber gesteht er damit anderen eine geistige Macht über ihn zu, die niemandem zusteht. Niemandem! Ich bin es, der sich dafür entscheidet, mich Gott zuzuwenden, dem großen Geheimnis. Ich wende mich ihm zu, schenke ihm meine Aufmerksamkeit, gebe ihm mein Herz.

Was bedeutet das den Menschen, denen ich gestern auf dem Bahnhof von Berlin-Gesundbrunnen begegnete? Was hat das mit ihnen zu tun? Vielleicht kennen viele von ihnen ähnliche Erfahrungen. Anderen wieder mag das überhaupt nichts sagen. Auch mögen sie nichts vermissen, wenn sie solche Erfahrungen nicht machen. Ich meine aber, sie sollten davon wissen. Auch weil ich glaube, dass es ihr Leben bereichert oder bereichern würde.

Welche Rolle spielen da dann für mich Religionen und Kirchen? Sie haben sich auf ganz unterschiedliche Weise mit Gott, mit der Dimension des Ewigen, mit dem Geheimnisvollen und Heiligen beschäftigt. Sie tragen mit sich einen großen und kostbaren Schatz an religiösen Erfahrungen, Einsichten, Überzeugungen, Riten, an denen sie andere teilhaben lassen wollen und sollen. Dabei geht es zunächst darum, Menschen zu helfen, empfänglich, empfindsam, sensibel zu sein oder zu werden für Gott, das große Geheimnis. So gut es ihnen möglich ist, mit dazu beizutragen, dass Menschen in Kontakt kommen mit Gott, ihn spüren können. Sie die Erfahrung machen dürfen, Teil eines Größeren zu sein, jetzt schon mitten im Leben an das Grenzenlose, *den* Grenzenlosen, angeschlossen zu sein. Das ist und bleibt das Erste und Wichtigste.

Ich bin mit meinen Gedanken wieder bei den Menschen auf dem Bahnhof Berlin-Gesundbrunnen. Ich wünschte ihnen, sofern sie es nicht längst kennen – die Erfahrung der Begegnung mit Gott, der Berührung durch Gott bei der Feier der Eucharistie oder des Abendmahls. Ich wünschte, dass sie erfahren, wie nährend, bereichernd für ihr Leben, ihr Dasein diese Erfahrung sein kann. Ich mache vielleicht ähnliche Erfahrungen in der Natur, in einem Konzert, bei der Begegnung mit Kunst. Das gilt es zu würdigen. »Die Mysterien finden auf dem Hauptbahnhof statt«, soll Joseph Beuys gesagt haben. Daran hatte ich im Bahnhof Berlin-Gesundbrunnen zunächst gar nicht gedacht.

Täglich kommen Hunderte von Menschen in die Kirche der Franziskaner im Herzen von Frankfurt, um dort eine Kerze zu entzünden. Sie kommen ganz bewusst zu diesem Ort. Es zieht sie offensichtlich dahin. Es geht eine Attraktion, ja, etwas Faszinierendes für sie davon aus. Was hält sie davon ab, länger an diesem Ort zu verweilen, zum Beispiel an einem Gottesdienst, einer Eucharistiefeier teilzunehmen? Spricht es sie nicht an, ist es für sie zu langweilig? Können sie mit der Sprache nichts anfangen? Ich weiß es nicht. Vielleicht würden sie, wenn sie an einer Eucharistiefeier teilnehmen, in ihrer Tiefe berührt werden, etwas erfahren, was sie als wohltuend erleben. Vielleicht würde eine Tiefe in ihnen berührt werden, die sie vorher noch nie gespürt haben, sie mit ihrer inneren Welt in Berührung kommen, sie sensibel und sensibler dafür werden. Jene innere Welt, die empfänglich, wach ist für die Anwesenheit des verborgenen Gottes, der verborgen und allgegenwärtig ist. Aber vielleicht machen sie genau diese Erfahrung, wenn sie die Kerze entzünden, oder aber sie haben für sich andere Formen gefunden, außerhalb des kirchlichen Rahmens solche Erfahrungen zu machen.

Bin ich mit meinen Überlegungen schon sehr weit weg von den Menschen auf dem Bahnhof Berlin-Gesundbrunnen? Etwas in mir wehrt sich dagegen, mir das zuzugestehen. Aber vielleicht ist es ja tatsächlich so. Dann muss ich das akzeptieren und akzeptiere es auch. Damit akzeptiere ich auch, dass ich an meine Grenzen stoßen kann, anderen etwas zu vermitteln, was ich für hilfreich, für eine Bereicherung und Vertiefung unseres Lebens betrachte. Ich bin dankbar dafür, dass ich dazu einen Zugang gefunden habe. Dankbar meinen Eltern, meiner Kirche, unzähligen anderen Menschen. Ich wünsche anderen diese Erfahrung, kann es aber nicht für sie machen. Ich überlasse sie dem, dem ich nahe sein darf, den ich spüren darf, dem ich mein Herz schenke. Im Vertrauen darauf, dass er jenen – auf seine Weise – sein Herz schenkt, so wie er mir sein Herz immer wieder geschenkt hat, schenkt und schenken wird.

Ihm, dem Gott, der uns ohne Wenn und Aber, ohne dass wir etwas leisten müssen und trotz unserer Macken und Fehler, liebt, dessen Sehnsucht wir sind (Augustinus). Der uns über den Tod hinaus liebt und uns nicht verlässt. Wenn ich mir das so richtig bewusst mache, kann ich mit Etty Hillesum sagen: Ich glaube an Gott und das ist der Grund dafür, dass es mir gut geht.

»Ich trippelte neben Ru her und nach einem sehr langen Gespräch, in dem wieder einmal alle ›letzten Fragen‹ erörtert wurden, blieb ich plötzlich an seiner Seite stehen, mitten in der engen und fantasielosen Govert Flinckstraat, und sagte: ›Ja, weißt du, Ru, und dann habe ich noch eine so kindliche Eigenschaft, um derentwillen ich das Leben immer wieder schön finde und die mir vermutlich hilft, alles so gut zu ertragen.‹ Ru sah mich voller Erwartung an, und ich sagte, es sei die einfachste Sache der Welt – was sie ja eigentlich auch ist: ›Ja, siehst du, ich glaube an Gott.‹ Das fand er, glaube ich, ziemlich verwirrend, und er schaute mich an, als könne er etwas Geheimnisvolles aus meinem Gesicht lesen, aber nachträglich fand er, dass das eigentlich sehr gut sei für mich. Vielleicht fühlte ich mich deshalb für den Rest des Tages so strahlend und kräftig? Wenn so unvermittelt und einfach mitten in dem grauen Arbeiterviertel aus mir herausbrach: ›Ja, siehst du, ich glaube an Gott.‹« (Hillesum 2010, 188 f.).

Wenn zwei oder drei in meinem Namen versammelt sind

Ein Ort, ein Ereignis, bei dem ich Gottes Anwesenheit besonders stark erfahren darf, ist für mich die Eucharistiefeier. Von Heinrich Böll ist bekannt, dass er häufig zur heiligen Messe ging, wohl auch noch, als er offiziell aus der katholischen Kirche ausgetreten war. Martin Walser sagte einmal scherzhaft, dass Heinrich Böll zwar aus der Kirche austrat, aber weiterhin in die Kirche ging, während er nicht aus der Kirche austritt, aber nicht in die Kirche geht. Diese Liebe von Heinrich Böll zur Eucharistiefeier teile ich mit ihm. Sie ist für mich das Herzstück der katholischen Kirche. Ich glaube, ich kann auf vieles verzichten, was zur katholischen Kirche gehört, auf die Eucharistiefeier kann und will ich nicht verzichten. Sie ist für mich der Ort, das Geschehen, an dem und bei dem ich in einer Weise, wie es mir sonst kaum möglich ist, meine Verbundenheit mit Gott zum Ausdruck bringen und erfahren kann. Sie ist auch die Feier, bei der meine Beziehung zu Jesus eine besondere Rolle spielt, während er sonst in meiner Beziehung zu Gott nicht im Vordergrund steht.

Es gibt viele Weisen, um mit Gott in Kontakt zu kommen, zumindest es zu versuchen: innehalten, im Meditieren in meine Tiefe hinabsteigen, einen ruhigen Ort aufsuchen, die Augen schließend meinen Innenraum betreten, mich innerlich Gott zuwenden, einen Gottesdienst besuchen. Für mich heißt das vorwiegend, an einer Eucharistiefeier oder Abendmahlfeier teilnehmen, einzutauchen in das heilige Geschehen und mich von der bewussten Präsenz des Göttlichen, Gottes berühren zu lassen. Dabei weiß ich, dass Gott überall und immer da ist. In der Feier der Eucharistie oder des Abendmahls erfahre ich diese Präsenz auf eine besonders dichte Weise. Der Besuch der Engel bei Abraham in Mamre, die Erscheinung Jahwes im brennenden Dornbusch, die Erinnerung an das letzte Abendmahl, als Jesus das Brot und den Becher nahm, wiederholen sich hier für mich. Die Eucharistiefeier wird zu meinem Mamre, zu meiner Erfahrung des brennenden Dornbuschs und des letzten Abendmahls.

In der Feier der Eucharistie, des Abendmahls, feiere ich mit anderen die Präsenz Gottes – ein einzigartiges Ereignis vollzieht sich, das ich als ein Geschenk erlebe. Die Präsenz Gottes wird zum *present*, das englische Wort für Geschenk. Je einfacher die Feier der Begegnung ist, desto mehr entspricht sie mir. Die Begegnung, der Kontakt mit Gott – gehen davon aus. Zunächst einmal zumindest. Mit gefällt die Form der Messe, wie sie sich über die Jahrtausende entwickelt und erhalten hat. Ich bin den Kirchen dankbar, dass sie dafür Sorge tragen, dass diese Begegnungen stattfinden können.

Müssen sie von einem geweihten Priester geleitet werden? Ich kann das gut haben, habe keine Probleme damit. Aber ist Gott weniger präsent in einer Begegnung, die als Eucharistie für sich begangen wird, wenn der Leiter, die Leiterin nicht geweiht und damit nicht offiziell von einer Kirche beauftragt worden sind? Gottes Anwesenheit und Wirken sind unverfügbar. Machen sich die, die für sich beanspruchen, durch ihre Form, Weihe, Beauftragung zu garantieren, mehr in Gottes Auftrag zu handeln, ihm näher zu sein, seine Anwesenheit und sein Wirken mehr zu garantieren, womöglich etwas vor? Kann es sein, dass sie durch ihren Anspruch und das Verhalten, das sie dabei an den Tag legen, eher zum Gegenteil beitragen? Hier wäre manchmal mehr Demut und Bescheidenheit angebracht, im Wissen, dass Gott unfassbar ist, niemand ihn einfangen, für sich beanspruchen, letztlich auch nicht für ihn reden kann, alles Reden über ihn nicht mehr als ein »armseliges Gestammel« (Joseph Beuys) ist.

Wir brauchen Orte, brauchen Menschen, die es möglich machen, dass wir uns begegnen. Dazu bedarf es einer Organisation, Geld usw. Ich bin oft in den USA. Die Vereinigten Staaten gelten ja als ein Land, das nach wie vor sehr religiös ist, wenn auch hier die Anzahl der Personen, die sich als religiös bezeichnen, nachlässt. Was ich in den USA immer als faszinierend erlebt habe, ist die Vielfalt an Religionen, Kirchen, Denominationen, denen man dort begegnet. Für mich ist es wie ein *coming home*, wenn ich hier an einer Eucharistiefeier teilnehme. Alles ist mir vertraut. Ich kann viele Texte mitbeten, manche Lieder mitsingen. Allein die Tatsache, dass ich dank der Kirche – auch als Organisation – diese Möglichkeit habe, erlebe ich als ein Geschenk.

Auf der anderen Seite gibt es natürlich auch andere Formen von Begegnung, in denen wir erleben dürfen, was wir in der Feier der Eucharistie oder des Abendmahls erfahren dürfen. So setzte der große Theologe Karl Barth der Feststellung des Basler Neutestamentlers Oscar Cullmann, das Zweite Vatikanum sei wohl ein heilsgeschichtliches Ereignis gewesen, entgegen, es gebe immer eine letzte Unsicherheit in Bezug auf das, was ein heilsgeschichtliches Ereignis sei, um dann die Frage zu stellen: »Wie ist es denn? ›Wenn zwei oder drei‹ schlicht und unauffällig ›versammelt sind in meinem Namen‹ (Mt 18,20), wenn sie Ihn anrufen und Ihm danken, *ist* Er da nicht mitten unter ihnen? *Ist* das nicht – ohne alle letzte Unsicherheit – ein ›heilsgeschichtliches Ereignis‹?« (in: Busch 2011, 37).

Ich kenne jedenfalls das Verlangen, mit anderen zusammen in einem vertrauten Ritual die Eucharistie zu feiern. Mir fallen viele Eucharistiefeiern ein, die ich erlebt habe und die zu Höhepunkten in meinem Leben zählen. Eucharistiefeiern mit Henri Nouwen in Freiburg und Toronto, Eucharistiefeiern in der kleinen Kapelle im Winkelhof, die ich mit Kursteilnehmern des Recollectiohauses unter anderen zusammen mit Pater Anselm Grün, Pater Meinrad Dufner, Pater Deocar Engelhard oder Pater Daniel Klüsche feiern durfte. Ich denke an eine Eucharistiefeier in der Wüste Sinai, am Abend, außerhalb unseres Zeltes mit Pater Pirmin Hugger aus Münsterschwarzach. Dieses Erlebnis hat sich tief in meine Erinnerung eingegraben. Vielleicht, weil ich selten so intensiv erfahren habe, dass Er mitten unter uns war.

Ich will, dass Du bist

In den letzten Jahren gehen meine Frau und ich am Sonntag gerne zu den Augustinern in Würzburg zum Gottesdienst. Dort fühlen wir uns wohl. Es fängt schon damit an, dass man, kaum hat man die Kirche betreten, mit dem Augustinus-Zitat begrüßt wird:»Ich will, dass Du bist.« Wenn das keine Einladung ist! Eine Einladung, der ich gerne nachkomme und die, wenn ich gleich am Sonntagsgottesdienst teilnehme, bestärkt wird.

Im Kirchenraum treffe ich auf einen Altar, der mitten in der Kirche platziert ist, links und rechts davon befinden sich die Sitze für die Gottesdienstteilnehmer. Ich bin dadurch mitten im Geschehen. Altar und Sitze, Priester und Gottesdienstbesucher, befinden sich auf der gleichen Ebene. Der Priester sitzt am Anfang mitten unter den anderen Gläubigen. Wir befinden uns in Kontakt miteinander, zugleich scharen wir uns um den Altar, der die Mitte ist und uns dazu einlädt, uns miteinander auf die Mitte hin auszurichten. Es ist ein schönes Gefühl. Ein Gefühl von Verbundenheit.

Was uns verbindet, ist, dass wir hier zusammengekommen sind, um miteinander etwas zu feiern, was uns sehr wichtig, ja, heilig ist. Wir feiern es miteinander, zusammen, können uns dabei in die Augen sehen, spüren dabei die Nähe des anderen. Es geht etwas Vertrautes, ja, Familiäres von hier aus. Es tut gut, hier zu verweilen. Ich bin gerne hier und ich bin auch gerne hierhergekommen. Für mich ist das keine Sonntagspflicht, der ich nachkomme. Es entspringt meinem innersten Bedürfnis, am Sonntag diese Stunde hier zu verbringen.

Die Priester, mit denen wir hier Gottesdienst feiern, sind in Kontakt mit den Anwesenden. Sie begrüßen die Besucher, die den Gruß erwidern. Sie machen nicht »ihr Ding«, lesen nicht die Messe, sie stehen ihr auch nicht vor, sondern verstehen sich als Teil der Gemeinde, mit der zusammen sie Eucharistie feiern. Da gibt es kein Gefälle in der Beziehung. Sie haben einen besonderen Auftrag, sind kraft ihrer Weihe berechtigt, die Feier zu leiten. Das ist eine schöne Aufgabe, die sie aber nicht über die anderen stellt.

Da ist nichts zu spüren von einem wesentlichen Unterschied zwischen Klerus und Laien, auf den manche einen so großen Wert legen. Das ist wohltuend. Hier geht es um Gott, um Christus, es geht darum, in und mit der Feier der Eucharistie sich wieder mehr mit Gott zu verknüpfen, wieder mehr Christi innezuwerden, einzutauchen in die Gemeinschaft mit ihm, sich bewusst innerlich und äußerlich auszurichten auf Gott, »in dem wir leben, uns bewegen und sind« (Apg 17,28). Dieser Ort lädt durch die Art und Weise, wie der Priester sich verhält, was er predigt, dazu ein. So ist es ein Segen, diesen Ort zu haben, zu dem es einen hinzieht, an den man gerne geht und den man gestärkt wieder verlässt.

Die Erfahrungen, die ich hier beim Besuch des Gottesdienstes bei den Augustinern mache, sind für mich ein Beispiel dafür, dass es in der Kirche, in unserer Gemeinde, Orte gibt, an denen wir Erfahrungen machen dürfen, die uns guttun, bei denen wir uns freuen, zu dieser Kirche zu gehören. Gerade im Angebot der Eucharistiefeier schenkt uns die Kirche etwas von dem Schönsten, das sie uns zu geben hat.

Dieses Geschenk kann freilich ganz unterschiedlich eingepackt sein. Ich kenne die kritischen Stimmen, die nicht müde werden, mich daran zu erinnern, dass das, was hier geschieht, wie so vieles, was in der Kirche geschieht, jenseits von Gefühlen abläuft, etwas ganz Eigenes ist, das in sich wirkt. Sosehr ich weiß, dass es bei der Eucharistiefeier um viel mehr als menschliches Wohlfühlen geht, soll dabei aber auch meine Psyche auf ihre Kosten kommen. Ich will als ganzer Mensch angesprochen werden. Dazu zählen meine Sinne und meine Gefühle. Ich will berührt, ergriffen sein. Nicht immer, aber immer wieder auch. Ich will, dass es mir warm wird ums Herz, so wie es den Jüngern warm ums Herz geworden ist, als sie in Emmaus dem Auferstandenen begegneten. Ich will, dass das, was hier geschieht, in mein Leben hineinwirkt.

Ausblick

Angekommen sein

September 2015. Ich befinde mich in Toronto. Auf dem Weg zum Henri-Nouwen-Archiv entdecke ich die St. Basilius Kirche, von der etwas Einladendes ausgeht. Ich betrete die Kirche, ja, tauche in sie ein. Sie ist hell erleuchtet, wirkt einfach einladend. Es ist gut, in diesem Raum zu sein. Es ist gut, wohltuend, dass es inmitten von Toronto einen solchen Raum, diesen Ort gibt. Ich fühle mich angesprochen von der Atmosphäre, den Bildern, dem Altarraum, der ganz in Licht getaucht ist. Mein Blick fällt auf den goldenen Tabernakel, über dem ein einfaches Kruzifix mit Corpus hängt. Daneben brennt das Ewige Licht. Die Kreuzwegstationen, die Glasfenster, gestaltet mit Szenen aus dem Leben Jesu und Heiliger, die Pietà gleich neben dem Haupteingang sprechen mich an.

Die ganze katholische Welt ist hier präsent. Alles ist hell. Sosehr ich die numinose Stimmung des Freiburger Münsters mag, an diesem Ort sprechen mich die Helligkeit, das Licht, besonders an. Ich bin angekommen. Ich bin angekommen in meiner katholischen Welt, die einfach zu mir gehört und auf die ich nicht verzichten will. Hier, an diesem Ort, hat alles Suchen, alles Kämpfen und Zweifeln ein Ende gefunden. Hier kann ich nur noch einfach sein, ausruhen, zu Hause sein, das Gefühl von Zufriedenheit auskosten: angekommen zu sein. Darauf vertrauend, einmal ganz bei Gott, bei Dir, meinem Gott, angekommen zu sein.

Hier erlebe ich Kirche – meine Kirche –, von der Joseph Ratzinger in seiner *Einführung in das Christentum* (2005, 326) schreibt: »Nur wer erfahren hat, wie über den Wechsel ihrer

Diener und ihrer Formen hinweg Kirche die Menschen aufrichtet, ihnen Heimat und Hoffnung ist, eine Heimat, die Hoffnung ist: Weg zum ewigen Leben – nur wer dies erfahren hat, weiß, was Kirche ist, damals und heute.« Die Menschen, für die das zutrifft, gibt es, und ich begegne ihnen immer wieder. Sie haben bei allem, was sie auch an der Kirche stören mag, in ihr Heimat gefunden, die Hoffnung ist, Weg zum ewigen Leben. Das kann nicht oft genug in Erinnerung gerufen werden: die Kirche als Heimat, die Hoffnung ist, die Weg zum ewigen Leben ist. Zum ewigen Leben. Ich wünschte mir so sehr, dass die Kirche in den Augen der Menschen als ein solcher Weg gesehen werden könnte, auch weil ich selbst bei allem, was mir an der konkreten äußeren Kirche nicht gefällt, sie für mich als einen solchen Weg sehe. Ein Weg, den ich gehen möchte, auf den ich nicht verzichten möchte.

Da wird mir wieder die eigentliche Bedeutung von Religion, von Glauben und dann auch Kirche bewusst. In dem abgrundtiefen Nichts, dem wir in einer existenziellen Betrachtungsweise unseres Lebens ausgesetzt sind, ist die Kirche ein Ort, der ein Zuhause anbietet. Ein Zuhause, in dem wir Trost erfahren, in dem wir uns begegnen, ein Zuhause, das uns Heimat schenkt. Ein Menschenwerk zunächst. Doch dann auch ein Gotteswerk, wenn wir hinter ihr und manchmal mit ihrer Hilfe, in der Erfahrung des Abgrundes, des Nichts, Dem begegnen, der alles ist, dem unfassbaren Du, Gott. Darum geht es.

Ja, darum geht es letztendlich: dem Unbegreiflichen, der alles ist, der mehr ist als das Nichts, begegnen zu dürfen. In seiner Gegenwart zu sein, im Bewusstsein und der Erfahrung seiner Gegenwart zu leben und zu sterben. Wo uns dabei die Kirche hilft – und sie hat das in meinem bisherigen Leben getan und tut es bis heute –, hat sie Platz in meinem, in unserem Leben. Allein, sie hat eigentlich nur in dieser ganz grundsätzlichen Bedeutung ihren Platz in meinem Leben. Von daher kommt ihr für mich bei der Ausgestaltung meines Lebens nur eine Randbedeutung zu.

Der Maler Michael Triegel, von dem unter anderem ein viel beachtetes Porträt von Papst Benedikt XVI. stammt und der für die Dettelbacher Pfarrkirche den Augustinus-Altar neu gestaltete, hat nach langem Suchen in der katholischen Kirche diese Heimat gefunden. In einem Interview (2015, 29) bekennt er: »Ich habe lange Jahre darüber nachgedacht, dass es großartig wäre, wenn ich einen Glauben finden könnte. Ich hatte eine unglaubliche Sehnsucht nach einem Damaskuserlebnis. Und zugleich war ich voller Zweifel. Ein großer Schub ging dann von der Arbeit am Dettelbacher Altarbild aus, deshalb habe ich zu ihm eine geradezu sentimentale Beziehung. Gerade Augustinus, um den es auf dem Bild ja geht, hatte sein ganzes Leben auf Zweifel gebaut und gesagt: ›Unruhig ist mein Herz, bis es Ruhe findet in dir.‹« Michael Triegel hat sich inzwischen taufen lassen. Er hatte zunächst die Befürchtung, dass nach der Taufe ein inspirierender Quell seiner Arbeit – die Auseinandersetzung mit dem Glauben – versiegen könnte. »Aber das ist nicht eingetreten«, stellt er mit Erleichterung fest. »Das ist ja gerade das Besondere am Katholizismus – das Geheimnis. Die Fragen sind geblieben.«

Wie geht es weiter?

Leider erfahren viele Kirche nicht so, und ich kann es gut verstehen, dass viele Personen in meiner allernächsten und weiteren Umgebung diese Kirche, die ihnen aus ihrer Sicht und ihrer Erfahrung nach nicht Heimat und Hoffnung gibt, verlassen und es sich dabei oft nicht einfach machen. Ich pflichte Papst Franziskus bei, wenn er sagt, »dass das, was die Kirche heute braucht, die Fähigkeit ist, die Wunden zu heilen und die Herzen der Menschen zu wärmen – Nähe und Verbundenheit« (2013, 10), und man dann von allem anderen sprechen könne, wenn das nicht auf ein Vertrösten hinausläuft und die so notwendigen organisatorischen und strukturellen Reformen in der Kurie, vor allem aber die so notwendigen Einstellungsveränderungen, was etwa die Rolle der Frauen in der Kirche, was die menschliche Sexualität, die Homosexualität, das Zölibat betrifft, dabei auf der Strecke bleiben. Die Reform der Einstellung, die Papst Franziskus als die erste Reform bezeichnet, betrifft genau auch die Reform der bisherigen Einstellung der Kirche zu diesen Fragen.

Wenn es in diesem Bereich in der Kirche nicht zu einer Neubesinnung und Reform kommt, dann verspielt der Papst die Chancen, die sein Pontifikat für eine Erneuerung der Kirche hätte, eine Erneuerung an Haupt und Gliedern, die unabdingbar ist, will die Kirche der Ort, die Heimat sein, die Hoffnung ist, Hoffnung zum ewigen Leben. Eine Hoffnung, die wir so bitter nötig hätten und die zu sein die Kirche ihre Chancen verspielt, wenn sie sich in diesen Fragen nicht bewegt.

Dann wird wieder nur das alte Spiel fortgeführt, jetzt mit einer anderen Spielart. Früher hörte man oft, wenn es um Reformen in der Kirche geht, ginge es doch in erster Linie um Gott. Natürlich geht es in erster Linie um Gott. Wie könnte es anders sein? Doch die Bischöfe, die das den Laien meinten vorhalten zu müssen, wenn sie Reformen anmahnten, und die damit auch sagen wollten, um diese anderen Dinge müsst ihr euch nicht kümmern, dachten gar nicht daran, dass vielleicht auch sie gemeint sein könnten, wenn es darum geht, sich daran zu erinnern oder daran erinnert zu werden, dass es in erster Linie um Gott geht. Wenn das aber so ist, warum tun sie sich so schwer damit, notwendige Reformen anzugehen, wo diese doch anscheinend von sekundärer Bedeutung sind?

Ich hoffe, dass Papst Franziskus hier mit dem Hinweis auf die Erstrangigkeit vorbehaltloser Seelsorge und Hingabe an die Menschen nicht den gleichen Fehler begeht und damit den notwendigen strukturellen Veränderungen und Einstellungsveränderungen aus dem Weg geht, da dadurch der Erneuerungsprozess der Kirche, den er sicher will, sich gar nicht wirklich entfalten kann, sondern durch die Fesseln, die man sich selbst angelegt hat, verhindert wird.

»Ich glaube, dass die Kirche noch ein Kind ist. Christus, von dem sie lebt, ist unermesslich viel größer, als sie sich ihn vorstellt«, schreibt Teilhard de Chardin (in: Schiwy 1981, 333). Ich glaube, nur dann, wenn man ein solches Verständnis von Kirche hat, kann man so manches, was so kleinkariert, so oberflächlich, so weltlich, vielleicht auch so abstoßend in der Kirche erscheint, ertragen. Ja, ich glaube, dass die Kirche noch ein Kind ist. Christus, von dem sie lebt, unermesslich, ja, wirklich unermesslich viel, viel größer ist, als sie sich ihn vorstellt.

Von einer solchen Aussage kann ich zehren. Dann nehme ich zunächst einmal zur Kenntnis, dass die Kirche noch ein Kind ist, und verbinde damit die Hoffnung, dass sie wächst und dabei Christus, der unermesslich viel größer ist als sie, ähnlicher wird. Daran mitzuwirken und dabei selbst zu wachsen, bin ich bereit. In der Hoffnung, dass sie dabei immer mehr zu einer Kirche wird, zu der ich gerne gehöre, für die ich bereit bin, mein Herzblut zu geben, und die den Menschen unserer Zeit etwas zu sagen hat. Dieses Bild von der Kirche, die noch ein Kind ist, relativiert die Bedeutung, die wir manchen, die in der Kirche das Sagen haben, zusprechen, können und müssen wir doch zuweilen feststellen, dass sie, was ihr Verständnis von Kirche betrifft und wie sie sich äußern und verhalten, wirklich noch Kinder sind, über die man den Kopf schütteln kann, von denen man sich nicht beeindrucken lässt und die man gegebenenfalls in ihre Schranken verweist.

Was will Gott von mir?

Mir ging es – und mir geht es, so hoffe ich, solange ich lebe – vor allem um Gott. Bereits in meinen frühesten Tagebuchaufzeichnungen stelle ich mir immer wieder die Frage, was Gott von mir will. So gefällt es mir, wenn ich in der letzten beginnenden Phase meines Lebens bei C. G. Jung lese, wie wichtig es für den Menschen ist herauszufinden, was Gott von uns will, ja, für ihn ist das geradezu existenziell wichtig. Man muss, so C. G. Jung, erkennen, »was Gottes Wille ist. Man ist verdammt, wenn man dem nicht folgt. Man ruiniert sein eigenes Leben, seine Gesundheit. Man hat einen Teil seiner Seele verkauft oder verloren.« Dabei weiß ich sehr wohl, wie schwierig das ist, wie sehr man sich dabei verrechnen kann und wie schnell man geneigt ist, für Gottes Willen zu erklären, was bei näherem Hinsehen mein Wille oder der Wille anderer ist. Es motiviert mich aber, fordert mich heraus, offen dafür zu sein, Gottes Willen zu erkennen, davon auszugehen, dass Gott sich in unser Leben einmischt. Das durfte ich jedenfalls oft erfahren.

Ob es Gottes Willen entspricht, dass ich katholisch bin, die katholische Kirche die Kirche ist, der ich angehören soll, ist für mich nicht wirklich eine Frage. Ich glaube jedenfalls, dass das seinem Willen nicht widerspricht. Ich weiß nicht, wie mein Leben verlaufen wäre, wäre ich nicht katholisch aufgewachsen und den – manchmal auch schwierigen – Weg in der katholischen Kirche gegangen, den ich gegangen bin. Wenn ich zurückschaue, gibt es manches zu beklagen, doch unterm Strich kann ich sagen, ich bin dankbar für den Reichtum an Erfahrungen mit meiner Kirche, auch die Möglichkeiten, die ich hatte, da und dort Einfluss in meiner Kirche ausüben zu dürfen.

Es bewegt mich, wenn ich heute auf Personen treffe, vielleicht 20 Jahre jünger als ich, die mir sagen, wie wichtig meine Bücher über Homosexualität, Sexualität und Zölibat für sie waren oder sind. Die Sichtweise, der sie hier begegneten, war für sie neu und wirkte befreiend für sie. Mir wird dann gesagt, dass die Tatsache, dass ich mich bemühte, einerseits auf kirchlichem Boden zu bleiben, zugleich aber auch neue Aspekte, die bisher nicht zum Zuge gekommen oder vernachlässigt worden sind, aufzugreifen, den Betroffenen half, meine Gedanken anzunehmen und auf ihr Leben – gerade auch als Katholiken – zu übertragen. Von den Spannungen und Konflikten, die ich dafür durchstehen musste, habe ich ja ausführlich berichtet. Bei allen Schwierigkeiten habe ich aber auch die Erfahrung machen dürfen, dass Spannungen, wenn sie einen nicht überfordern, auch dazu beitragen, dass das Leben spannend bleibt. Ganz abgesehen davon, dass bei einer fruchtbaren Spannung der Heilige Geist die beste Chance hat, zu wirken, damit am Ende das geschieht, was letztlich geschehen soll.

Geht es aber letztlich um Gott, dann ist es nicht so entscheidend, welcher Kirche man angehört oder ob man überhaupt einer Kirche angehört. Das mögen jene, die für ihre Kirche Exklusivrechte beanspruchen, also davon ausgehen, als würde der richtige Zugang zu Gott allein durch sie möglich sein, ja, als gebe es außerhalb ihrer Kirche kein Heil, nicht gerne hören. Allein, welch eine Vermessenheit, das für sich zu beanspruchen! Als könne man Gott vereinnahmen. Hier haben die Kirchen, darunter auch meine – und sie besonders –, noch einen langen Weg zu gehen. Um am Ende dieses Weges demütig zu akzeptieren, dass ihr in den Augen Gottes keine besondere Rolle zugestanden wird, sosehr sie das auch für sich zu beanspruchen versucht.

Gott in unserem Leben Wirklichkeit werden lassen

Dazu zu stehen, nimmt nichts von dem Wert und der Bedeutung, die die Kirche hat. Es entlastet sie, lässt sie sich darauf konzentrieren, worum es letztendlich geht, was ihre eigentliche Aufgabe ist. Doch nicht, einen Vatikan zu unterhalten, Bischöfen Gelegenheit zu geben, sich selbst zu zelebrieren, mit Machthabern sich einzulassen, die sie für ihre Zwecke missbrauchen, Menschen mit Schuldgefühlen zu belasten, die ihnen das Leben zur Hölle machen. Nein und nochmals nein. Die Kirche mit all ihrem Reichtum und mit all ihrer Armseligkeit ist für die Menschen da, die nach Gott suchen, nach einer Heimat, die Hoffnung ist, Hoffnung für das ewige Leben, aber auch Hoffnung für dieses Leben, das dem ewigen Leben vorausgeht. Die Kirche ist da, um in dieser immer komplizierter werdenden Welt Menschen zu helfen, Orientierung, Sinn zu finden, mit dazu beizutragen, dass ihr Gespür für das ganz Andere nicht verloren geht, sie die Bereicherung, die davon für ihr Leben ausgehen kann, für sich nutzbar machen. Vor allem aber ist die Kirche da, um Gott, der die Liebe ist, auf alle nur mögliche Weise Wirklichkeit werden zu lassen. *Das* ist ihre eigentliche Aufgabe, hinter der *alles*, was sie sonst tun mag, anstehen muss.

Diese – auch katholische – Kirche gibt es bereits, innerhalb und außerhalb der offiziellen katholischen Kirche. Das aber ist auch die Kirche der Zukunft, in der die etablierten Kirchen immer mehr an Bedeutung verlieren als eigenständiges exklusives Gebilde und zunehmend wie Relikte einer vergangenen Zeit sich da und dort noch mehr oder weniger am Leben erhalten. Sie werden am Leben erhalten von denen, die unbeirrt an der »wahren Lehre« festhalten und das umso mehr und verbissener, je mehr sie feststellen müssen, dass sie an etwas festhalten, das sie unfrei sein lässt, sie einengt. Das verhindert, dass sie wirklich das lebendige Wasser des Lebens kosten und für ihr Leben fruchtbar machen können.

Thomas Moore (2014, 58) plädiert dafür, dass jeder seine eigene Religion schafft. Das klingt zunächst nach einer Kraut- und Rüben-Religion. Da würde man ihn aber missverstehen. Es geht ihm darum, auf alle Fälle eine Form von Religion zu finden, in dem Sinne, dass wir uns mit etwas verbinden, das über uns hinausgeht. Er spricht sich nicht grundsätzlich gegen organisierte Religion aus, verschweigt allerdings ihre Schattenseiten nicht. Er würdigt die Erfahrungen von Künstlern wie der Malerin Georgia O'Keeffe, die es verstand, das Göttliche durch ihre Bilder hindurchscheinen zu lassen und die von sich sagt: »Ich nehme wahr, wie un-katholisch meine Seele ist« (55). Sie ist erstaunt, wie wenig sie des Trostes durch die Kirche bedarf. Wenn sie alleine ist mit der Erde und dem Himmel, kann es geschehen, dass sie in sich ein Gefühl erfährt, das sie hinführt zu dem Unbekannten und Unendlichen und diese Erfahrung ihr mehr bedeutet als irgendetwas, was eine organisierte Religion ihr geben könnte. Die »Rechtgläubigen« mögen solche Aussagen sehr schnell als esoterisch abtun. Aber darum geht es hier nicht. Für mich geht es hier darum, solche Erfahrungen zu würdigen, sich davon bereichern zu lassen. Sie in das eigene »Katholischsein« zu integrieren. Ich fühle mich sehr gut verstanden in dem, was Thomas Moore über Pierre Teilhard de Chardin und Thomas Merton schreibt. Georgia O'Keeffe entschied sich für eine kirchenfreie Religion, und es war ihr möglich, eine reiche spirituelle Existenz für sich ins Leben zu rufen. »Aber ich schätze auch das Leben, die Entscheidungen und die kreative Arbeit von Thomas Merton und Pierre Teilhard de Chardin, die auf eine kreative, kritische und mutige Weise ihre ererbte formale Religion auf eine andere Ebene brachten, ihr gegenüber loyal blieben, trotz heftigen autoritären Druckes und der Versuchung, ihren eigenen Weg zu gehen« (58). Ich könnte hier noch Karl Rahner erwähnen, alles Personen, mit denen ich mich in keiner Weise vergleichen kann, die mir aber auf meinem Weg, bei meiner oft auch schmerzlichen Suche, meiner Kirche und mir selbst gegenüber treu zu bleiben, Vorbild waren und Pate standen.

Wie oft habe ich zu ihren Büchern gegriffen, begierig in ihnen gelesen, was sie zu sagen hatten, wie es ihnen gelungen ist, dennoch, trotz aller Schikanen, Zurückweisungen, trotz aller Ignoranz seitens der offiziellen Kirche, dabeizubleiben. Weil, ja, warum? Weil sie in ihrem Innersten spürten, dass sie recht hatten, es stimmte, was sie dachten, sie sich im Tiefsten in Einklang befanden mit Gott und es genau das war, was sie davon abhielt, sich von der Kirche abzuwenden und das Feld denen zu überlassen, die zwar die Macht innehatten, nicht aber das Recht hatten – auch wenn sie es für sich in Anspruch nahmen –, zu entscheiden, was richtig und was falsch ist.

Mit meinen Wunden in Berührung kommen

Ich spüre, wie sehr es mich berührt, wenn ich das schreibe. Ich komme dabei mit den Wunden in Berührung, die auch mir durch meine Kirche zugefügt worden sind. Ich komme in Berührung mit den Entwertungen, die ich mir gefallen lassen musste. Da bin ich, beseelt davon, aufzuzeigen, dass meine Kirche nicht nur rigide, herzlos, unmenschlich ist, sondern den Menschen wirklich sieht, versucht, ihn zu verstehen, Ausdruck der Menschenfreundlichkeit Gottes zu sein, und werde dafür »bestraft« mit Anfragen, Vorhaltungen, teilweise auch Missachtung. Ich verstehe an dieser Stelle meine Kinder besonders gut, wenn sie es nicht begreifen können, dass ich dieser Kirche weiterhin angehören will. Ich mir das antue. Ich weiter unter ihr leide.

Wäre es tatsächlich so, dass ich nach wie vor unter der Kirche leide, müsste ich mir tatsächlich ernsthaft die Frage stellen, ob ich es verantworten kann, länger in ihr zu bleiben. Zum einen ist das nicht alles, kenne ich auch ganz andere Erfahrungen, habe ich viel Anerkennung und Würdigung erleben dürfen, nicht zu sehr durch die offizielle Kirche, doch umso mehr durch unzählige Männer und Frauen in der Kirche. Ich habe gelitten unter so manchem, was die Kirche verbrochen hat, und der Missbrauchsskandal, in dem ich mich stark engagiert habe – auch für meine Kirche –, ist nicht spurlos an mir vorübergegangen. Aber ich habe zunehmend auch gelernt, den Unrat bei denen zu lassen, die für ihn verantwortlich sind, und wenn er mir zu nahe gekommen ist, vor ihrer Tür abzuladen.

Hat es sich gelohnt?

Der lange Marsch durch die Institution, von dem Karl Rahner in meinem Interview – zusammen mit Bernhard Bielasik – im Jahre 1972 sprach, der für mich Auftrag und Ansporn war, mich

für eine Kirche einzusetzen, die Ausdruck der Menschenfreundlichkeit Gottes ist – hat er sich gelohnt? Hat er sich für mich
gelohnt? Unter Johannes Paul II. und Benedikt XVI. war dieser Marsch für mich eine ständige Gratwanderung. Mit Papst
Franziskus ist die Ära der Angst, die die letzten Jahrzehnte die
Atmosphäre in der katholischen Kirche geprägt hat, zu Ende
gegangen. Endlich dürfen die Christen sagen, was sie für richtig erachten, wovon sie überzeugt sind, ohne Angst haben zu
müssen, dafür gemaßregelt zu werden. Ja, sie werden sogar
vom Papst ermutigt – auch die Bischöfe, die sich in der Vergangenheit in der Regel nicht durch mutiges Auftreten hervorgetan
haben –, sich frei zu äußern. Das allein lässt einen schon einmal
richtig durchatmen, spürt man doch wieder etwas vom Wehen
des Heiligen Geistes, dessen Weisheit, Güte, Glut und Erleuchtung die Katholiken in den letzten Jahrzehnten so sehr in der
Kirche vermissten.

Doch, noch einmal: Hat sich für mich dieser Marsch durch
die Institution gelohnt? Ich kann diese Frage nicht beantworten, und vielleicht ist es ja auch keine gute Frage. Entscheidend
für mich ist, dass ich mich auf den Marsch eingelassen habe,
wohl auch, weil ich gar nicht anders konnte, als mich darauf
einzulassen, wollte ich dem, was ich als Stimme Gottes zu vernehmen glaubte, gerecht werden. Es war meine Bestimmung,
das, was ich als ein wesentliches Ziel meines Lebens betrachte.
Auch das ist vielleicht ein Grund, warum ich die Kirche, für die
ich mein Herzblut eingesetzt habe, nicht verlassen kann, hat sie
doch auch viel mit mir zu tun, habe ich doch auch viel von mir
in ihr gelassen, auch weil sie mir so viel bedeutete und – weiterhin? – bedeutet. Ja, und das kann ich nur flüstern, weil ich sie
immer noch liebe.

Liebe Dorothea, lieber Thomas,

*ich bin am Ende angekommen mit meinem Bericht über meine
Erfahrungen mit der Kirche. Ich habe während meines Schreibens
immer wieder an euch gedacht, so als wollte ich versuchen, euch*

verständlich zu machen, was mir die Kirche bedeutet und warum ich in der Kirche bleibe. Ihr erinnert euch sicher an unsere Diskussion, bei der wir sehr offen, klar und hart miteinander darüber diskutierten. Ich wurde immer ruhiger, hörte zum Teil nur noch zu, wurde auch etwas traurig. Traurig, weil für euch das, was mir so viel bedeutete und bedeutet, wenig oder nichts mehr bedeutet. Bis dahin, dass ihr in eine deutliche Distanz dazu tretet, bei allem Respekt, den ihr mir gegenüber für das, was Kirche mir bedeutet, habt.

Diesen Respekt habe ich auch euch gegenüber für eure Entscheidungen, was Religion, Kirche, Glauben betrifft. Auch wenn wir, eure Eltern, mit bester Absicht euch taufen ließen und, so gut es uns möglich war, euch im Glauben unterwiesen und das Unsere taten, damit die katholische Kirche auch für euch Heimat wird, die Hoffnung ist für das ewiges Leben, aber auch für das Leben hier und jetzt, akzeptieren wir, dass ihr für euch anderswo diese Heimat gesucht habt, sofern das für euch wichtig war und ist.

Mir ging es bei meinem Bericht nicht darum, euch von meinem Weg zu überzeugen, gar euch zu überreden, euren Weg zu überdenken. Ich kann vielmehr nicht ausschließen, dass meine Ausführungen euch in eurer Entscheidung bestärken. Mir genügt es, wenn ihr mich besser verstehen könnt, besser als ich es vielleicht bei unserer Diskussion zu vermitteln vermochte, was mir die Kirche, meine Kirche, bedeutet. Was es ist, dass ich nicht loskomme von ihr und auch nicht loskommen will.

Ich bin mir dabei sehr wohl bewusst, dass das, was ich geschrieben habe, es nur unzulänglich vermag, wirklich verständlich zu machen, was die tieferen Gründe dafür sind. Geht es mir doch selbst so. Ich merke, ich komme deutlich an Grenzen, vermag nicht alles zu erklären. Da gibt es auch einen Punkt, an dem ich merke, ich will und mag nicht alles erklären. Da bleibt auch einiges offen oder vielleicht kann man auch sagen geheimnisvoll? Mir fällt ein Satz von Martin Buber (1923, V) ein: »Ich bin die dunkle Seite des Mondes; ihr wisset um mein Dasein, aber was ihr für das Helle festsetzt, gilt

*für mich nicht. Ich bin der Rest der Gleichung, der nicht aufgeht;
ihr möget mich mit einem Zeichen belegen, aber auflösen könnt ihr
mich nicht.«*

You wouldt pluck out the heart of my mystery.« (William Shakes-
peare)

Literatur

Benedikt XVI.: Deus caritas est. Gott ist die Liebe, Augsburg 2006

Martin Buber: Ekstatische Konfessionen, Leipzig 1923

Michael Brinkschröder: Neue Offenheit oder alte Ängste? Homosexualität und gleichgeschlechtliche Partnerschaften als Thema der Familiensynode, in: Stephan Goertz (Hg.): »Wer bin ich, ihn zu verurteilen?«, Freiburg 2015, 413–444

Eberhard Busch: Meine Zeit mit Karl Barth. Tagebuch 1965–1968, Göttingen 2011

Alfons Deissler, in: Kontakte. Jahrbuch der Theologen des Collegium Borromaeum, 24. Ausgabe, Freiburg 1989

Christian Feldmann: Hildegard von Bingen. Nonne und Genie, Freiburg 2008

Christian Feldmann: Was uns unbedingt angeht, in: Publik-Forum, Nr. 11, 4. Juni 2004

Anselm Grün/David Steindl-Rast: Das glauben wir. Spiritualität für unsere Zeit, Münsterschwarzach 2015

Etty Hillesum: Das denkende Herz. Die Tagebücher von Etty Hillesum 1941 bis 1943, Hamburg 2010

Basil Hume, in: Süddeutsche Zeitung, Nr. 5, 9. März 1995

Carl Gustav Jung: Bewusstes und Unbewusstes, Frankfurt 1972

Wilhelm Merks: Von der Sexual- zur Beziehungsethik, in: Konrad Hilpert (Hg.): Zukunftshorizonte katholischer Sexualethik, Freiburg 2013, 14–35

Thomas Merton: The Intimate Merton: Thomas Merton, His Life from His Journals, Oxford 2009

Thomas Merton: Christliche Kontemplation. Ein radikaler Weg der Gottsuche, München 2010

Thomas Moore: A Religion of One's Own. A Guide to Creating a Personal Spirituality in a Secular World, New York 2014

Marie Noël: Erfahrungen mit Gott, Mainz 2005

Henri Nouwen: Geteiltes Leid. Heute christlich leben, Freiburg 1983

Papst Franziskus: Das Haus aller, in: Frankfurter Allgemeine Sonntagszeitung, Nr. 38, 2013, 10

Papst Franziskus: Der Name Gottes ist Barmherzigkeit. Ein Gespräch mit Andrea Tornielli, München 2016

Karl Rahner: Strukturwandel in der Kirche als Aufgabe und Chance, Freiburg 1972

Joseph Ratzinger: Einführung in das Christentum, München 2005

Volkmar Sigusch: Sexualitäten. Eine kritische Theorie in 99 Fragmenten, Frankfurt 2013

Annette Schleinzer: Die Liebe ist unsere einzige Aufgabe. Das Lebenszeugnis von Madeleine Delbrêl, Ostfildern 2014

Günther Schiwy: Teilhard de Chardin. Sein Leben und seine Zeit, München 1981, Bd. 1

Wolfgang Seibel: in: Jesuiten. Informationen der deutschen Provinz der Jesuiten an unsere Freunde und Förderer, 63. Jahrgang 2012/13

Frank-Walter Steinmeier, in: Frankfurter Allgemeine Sonntagszeitung, Nr. 20, 22. Mai 2011

Mary Tardiff (Hg.): At Home in the World. The letters of Thomas Merton and Rosemary Ruether, New York 1995

Michael Triegel: Die Fragen sind geblieben, in: Main-Post, Nr. 193, 24. August 2015, 29

George B. Wilson: Clericalism. The Death of Priesthood, Collegeville, Minnesota 2008